THE FUTURE YOU

Break Through the Fear and Build the Life You Want

也許你該跟未來學家談談

一堂前所未見的人生規畫課，所有問題你都可以問

布萊恩・大衛・強森——著　葉妍伶——譯
Brian David Johnson

目次

「我覺得自己沒辦法拒絕這個客戶。這個機會今天才上門，我知道我們說策略要轉型，也明白我們說過這表示有時候要推掉一些案子，可是……」

凱蘿擔心能不能做出正確決定，她怕毀了自己的將來，連同陪葬了整家公司和所有同事的將來。

第2章

關於未來的一切，你聽到的都是錯的　037

奧黛莉開始活靈活現且鉅細靡遺地描述她那幾天做過的夢，末日後的世界裡到處都是無人機和機器人，擴增實境已經氾濫到失控了。所有人想到未來的時候，都會被同一個鬼魂嚇得不要不要的。奧黛莉的夢境說到底是在描述她沒有力量控制自己的未來。

第3章

如何和未來學家一樣思考 065

「我知道自己不想一直做現在這份工作。你覺得我該做什麼？」在大型科技公司擔任高階行銷主管的蘇珊，想知道怎麼在職涯中場轉換到她真心想要的工作，而不是順著別人的指示一直做下去。這時，我很喜歡問一個問題，會讓對方真正開始質問自己到底想要什麼樣的未來。

第4章

對未來，你擁有的掌控權沒有你想的那麼低 115

「我戶頭裡有三百美元，房租要一千一百美元，兩週內要交。告訴我，我要拿這個未來怎麼辦？我甚至連這星期會怎麼結束都想像不出來。」

無力感、挫折感、恐懼感，讓泰拉墜入深淵，愈跌愈深。詳細討論她的未來助力後，變化出現了：「光是看到未來，並能去找那些想和我對話的人談談，我就覺得很真實，好像我辦得到。」

第5章

未來始於你身處的地方

「我是個明尼蘇達州的屁孩，這裡鳥不生蛋，我又沒錢，只有個名不見經傳的美術學位。」戴著鼻環、頸子上有孟加拉虎的大刺青的小羅搖著頭說：「我怎麼可能到全世界最重要的皮克斯動畫公司工作呢？」

小羅的故事強調了人居住的地方會影響你是什麼樣的人、你會變成怎麼樣的人。我總會鼓勵客戶在思考自己的未來會如何發展時，想想地點的重要性。

第6章

科技不能決定未來，你才能　213

「自從兩個兒子被診斷出罹患第一型糖尿病以後，我就沒有睡超過兩小時過了。我很擔心他們的未來。如果沒有解藥，我希望兒子能愈健康愈好。這表示他們要獲得最好最新的科技來維持身體狀況。」

大半輩子從事安全研究的艾爾原本覺得，自己只能受科技擺布；透過鑄造未來的方式，現在他有主控權了。兒子繼續成長茁壯，他也已經開始探索不同的臨床試驗了。

第7章

我們的暗處 253

「最近只要你打開新聞，就覺得鳥事沒完沒了——戰爭、疫情、野火。我不是憂鬱，而是比憂鬱症更嚴重。這些煩惱一直在我腦子裡，我沒辦法不想。專心工作變得很難，你知道這有多恐怖嗎？就好像我快瘋了。」威爾說。

恐懼圍繞著我們，若你放任恐懼蔓延，恐懼會支配你的人生。但克服恐懼的解藥也圍繞著我們。

第8章 往前鑄造未來 305

「妳已經經歷過整套流程了，妳覺得鑄造未來這套方法怎麼樣？」我問蘇珊：「妳的未來遠景有沒有變？」
她開始說：「我向別人提到這套方法的時候，通常都會說這就像烹飪一樣。」

推薦序

我爲個人公司聘請了一位未來學家

白慧蘭

未來會是什麼樣子？

有很多種可能，會變得更好，變得更壞，因為沒有標準答案，所以台灣廟宇香火鼎盛，藉著裊裊輕煙上達天聽，希冀神明能許善男信女一個光明的未來。

本書作者的職業是「未來學家」，協助企業用科學的方法看見未來十到十五年的發展，再採取積極的行動，掃除負面的變因，逐步實踐想像中最美好的未來。

每個人都是一間個人公司，除了是經營自我職涯與生涯的CEO外，我們還應該做自己的未來學家。擁有足夠的智慧，不受過去的經驗制約，相信自己的未來應該有無限的選項，然後有勇氣去探索與驗證。

傳說中的M社有一本死亡筆記本，四十歲以上超過十年資歷就等著被裁員，像我這樣的中年人，尾牙最愛做的事就是聚在一起數數看，還有多少張熟悉的面孔，倖存者再共飲一杯，感嘆著時不我予。

本書最讓我熱血澎湃的一句話是：「你的未來並沒有被寫死」。太多人用自我狹隘的過去經驗傳遞負面能量：「中年人體力走下坡，不能承受挑戰」「中年人賀爾蒙混亂，喝水也會胖」「中年人記憶力減退，老狗學不會新把戲」，所以我們只能接受被淘汰的命運，這樣嗎？

大錯特錯。我才是未來劇本的創作家，未來是什麼樣貌，應該由我親自來塑造。首先我們得要有願景。十五年後我超過六十歲，是一個沒有三高，體力充沛的人，持續學習獲得新技能，得以擁有一份發揮所長的工作，並且斜槓成為膾炙人口的談判課講師。我有相親相愛的老公，工作之餘一起遊山玩水享受生活，孩子們都獨立自主，我們關愛彼此卻不互相依賴。

我現在做的每一件事都在實踐想像中的未來，為了健康，我毅然實行一六八間歇性斷食，四個月減重九公斤；每週固定投入四小時上網課，獲取新知識，保有職場競爭力；成立工作生活家社群，學習數位行銷技能，同時打破同溫層，與年輕人互動，融入新世代也成為新世代。但我不會讓工作占據所有時間，因為未來有很大的部分需要愛與關懷才會圓滿，老友與老伴更需要細心地培養，才會成為幸福人生的養分。

對未來很惶恐，不確定未來的自己會不會更好？

那就看這本書吧，讓未來學家教你怎麼做一個實作型的未來學家，其實老祖宗已經教我們了啊——也就是「要怎麼收穫，就怎麼栽」。

未來不遠，未來就在我們的手上。

（本文作者為台灣微軟消費通路事業群資深產品行銷協理、工作生活家社群主理人）

推薦序

與這本書對話，落地你所期盼的未來

洪瀞

「未來學家」是什麼概念？在焦慮與期盼並存的時代，你或許曾這麼想過：我們光要活在當下，將手邊的人事物顧好、創造價值，就已經不是一個輕鬆簡單的工作了，那你又能如何去情境模擬未來，看懂未來，以及在當前做好務實的準備？

事物變化的速度愈來愈快，或許這也將是一種新的常態。若我們不懂得如何去預判未來即將產生什麼樣的變化，我們會很難在那樣的情況下與之產生良性的互動，也不會意識到，未來是可以被差遣的。只要你願意花點時間，仔細閱讀這本書，你將發現「未來」非但有跡可循，它還能在恰當的時刻，在地的助你一臂之力、為你所喚。

作者在書中很明確地指出，未來並沒有被寫死，而且會持續地被重複改寫。他提醒要小心那些預言家所說的話，遠離不被期盼的未來。此外，作者也非常用心輔助處於擔憂、焦慮，以及害怕陰影下的人們，教導如何能從中剖析出成長和突破的動能。

另外，作者在書中亦拋出一連串的問題，或許一時也不一定能獲得清晰的答案，然而只要經過思索，這一系列、開放式的提問確實能幫助讀者更深入覺察和提升自我的價值觀。當下的一切或許是由我們的過往所建構出來的，然而在鑄造未來這件事上，首先能做的就是推開過往。

本書之所以有趣在於，你會在閱讀後理解「未來」是充滿機會，並且獲得具體方法。作者運用了許多真實故事的情境帶領、淺顯易懂的逆向鑄造展示，一方面引導你學會去模擬、鑄造並且落地你所期盼的新未來；另一方面則會發現這些落地未來的技巧離我們並不遙遠，而且輕鬆不費力。如果能認真地、系統性地思索作者的文字，你會彷彿幫自己多了一項鑄造未來的新技能，開啟更多通向嶄新未來的路。

我非常推薦你閱讀《也許你該跟未來學家談談》，這本由國際知名大廠的首席未來學家所撰寫的書；尤其在你學會如何取用未來助力，開始鑄造與落地屬於你的未來時，我也推薦你閱讀《自己的力學》，駕馭總總的力量，協助你勾勒出喜歡又獨特的未來篇章。

（本文作者為《自己的力學》作者、成大副教授）

推薦序

未來，掌握在你我的手中！

趙胤丞

從事企業培訓這些年來，總會有學員私下找我討論，比如說，「我該不該轉職／辭職／轉調／外派？」「我該不該買房子／車子？」「我該不該生孩子／養寵物？」等諸多人生議題。身為培訓師，對於學員們的提問，我總相信「解決方案在學員自己身上」，只是目前他們還沒覺察到而已，我要做的是讓他們回到自己身上再次確認哪些是自己所需、哪些不是。畢竟，每個人的人生是獨一無二的，其他人的建議都僅供參考。聽完他人建議突然熱血沸騰，只是「晚上想想千條路，早上醒來走原路」的人卻也沒少見過。

當我自己遇到問題瓶頸時，就會開始找尋方法，而閱讀就是一帖良藥。透過詢問專家、廣泛閱讀帶給我很多啟發。只是雖然閱讀過很多，知道很多趨勢，但覺得過往經驗不再有效。那有什麼又能依循的呢？我想起寧靜禱文的一段文字：「請賜給我雅量從容的接受不可改變的事，賜給我勇氣去改變應該改變的事，並賜給我智慧去分辨什麼是可以改變的，什麼是不可以改變的。」我覺得那份智慧若能具備，因應未來變局將更有底氣。

我覺得《也許你該跟未來學家談談》就是這樣的智慧，或許這本著作也該成為你的案頭經典書籍之一。怎麼說呢？作者布萊恩．大衛．強森是英特爾的前首席未來學家，也是該公司第一個未來學家，而他專研多時用來研究未來、推測未來趨勢的這套模型與實作方法，或許正是很多人擘畫人生最需要的一套工具。如同書中所談，這麼多種影響未來的變數需要關照，我們可能進而產生許多焦慮。但是仔細思量會發現，未來其實並沒有被寫死，接下來就要問自己：你知道了未來以後該怎麼做呢？不論是否排斥或者接納，未來都會到來。只是如果希望自己的未來與想像靠近，你就要積極參與自己的未來。

而《也許你該跟未來學家談談》提到幾個很棒的操作步驟，我透過自己話語做了些詮釋：

1. **改寫認知**：要改變未來，必須先改變自己所描述的未來，而且想像未來的細節很重要。

2.**勇敢做夢：**做個夢，述說你真心想要的未來，並盡力避開自己所害怕的未來。

3.**逆向鑄造：**當已勾勒出未來，再來就是找出實踐步驟，變成具體可行的方案。

4.**專家協助：**哪些步驟可以做？哪些步驟不可以做？哪些步驟又需要他人協助？

5.**開始行動：**分段行動是關鍵（中途點、前哨站、下星期一）。

這幾個操作步驟回歸本質、直指核心，書中不同面向的實際案例，可以帶給讀者許多啟發（我自己就被啟發到）！而且，沒有人可以癱坐著等渴望的未來出現，也正因如此，促使自己產生行動更是關鍵，因為踐行是檢驗真理的唯一方法！祝福您閱讀《也許你該跟未來學家談談》此書後，生命更加精采！誠摯推薦！

（本文作者為振邦顧問有限公司負責人、《拆解問題的技術》《拆解考試的技術》《拆解心智圖的技術》作者、知名企管講師）

第1章

發現未來的你：為什麼未來學家決定要寫這本勵志書

雙訊記

沒有人一早醒來就想著：**我得找個未來學家談談**。通常我接到電話，都是在有家公司或組織已經開始烏雲罩頂之際，需要協助，才能想清楚接下來要怎麼做。

如果你正在讀這本書，我希望你的狀況沒有太慘澹危急，但想必你需要一點關於未來的建議，或許是關乎你的工作，或許與財務安全感有關，也可能是科技、政治、經濟的發展讓你倍感焦慮。或許你不確定和孩子或父母的關係會如何發展。或者是對未來情勢的恐懼：瘟疫、戰爭、疾病，還有這一切的源頭：死亡。

我可以幫上忙。我不能預知你的未來，但可以讓你看到我已經幫助很多人實現他們的未來，讓他們知道自己必須採取哪些明確的步驟，才能朝自己想要的未來邁進——或至少對自己的方向感覺踏實一點、擁有更多的掌控權。

跨出第一步最難。但請相信我，你真的辦得到。我沒有說這很簡單，但我要讓你知道：你辦得到。

擔心未來——就只是在擔心。想想你花多少時間和精力在煩惱一些沒發生過的事，這些事甚至可能永遠不會發生。那如果你把這些精力用來創造正面、持續的未來呢？

我懂。即便我長期擔任未來學家，但有時候仍會很擔心，這就是我決定要寫這本書的主因。為了讓你懂我要表達的意思，先帶你回顧我前陣子接到的兩通電話，這兩段對話都不輕鬆。

第一通電話：身陷危機的執行長

夜深了，我在看書。手機響起，我馬上認出那個名字。

「喂？」我說。

「老布，這樣下去不行。」凱蘿單刀直入，很多人和我熟識之後都會直接叫我老布。不必說喂，不必寒暄問候，她直接就用聲音傳遞了驚慌和緊繃：「這不是我要的未來。」

「怎麼了？發生什麼事了？」我保持聲音沉穩，即便自己也有點緊張。凱蘿聽起來不太好，這讓我很擔心。

「我覺得我沒辦法拒絕這個客戶。這個機會今天才上門，我知道我們說策略要轉型，也明白我們說過這表示有時候要推掉一些案子，可是……」

她停下來吸了一口氣：「我知道我們不能再接這種案子了，而且公司必須調整方向，可是這件案子接近三百萬美元。」

「其他主管怎麼說？」我問。

「我還沒跟他們說，」她答道：「我坐在這裡，想搞清楚要怎麼做。這可是公司的將來啊，關係到我未來的事業。」

凱蘿在洛杉磯一家中型的經紀公司擔任執行長。十個月前，她和其他高階主管請我一起合作。他們擔心這家公司沒有替未來做足準備，我的工作就是和他們一起擘畫新的道路。

我們辦到了。新的計畫很好，也有明確的步驟，可以讓他們擁抱來自新興娛樂圈社群媒體的新世代藝人與網紅。這表示他們的客戶要大換血。我不會在此呈現太多細節讓你看得很無聊，但是在風險評估這個環節，我們確實討論到在傳統媒體很火紅的電視大明星，有可能想要加入這家經紀公司，而導致他們很難拒絕的情境。

這一刻來了，凱蘿怕了。我可以從她的聲音裡聽出來。她在擔心自己能不能做出正確的決定，她怕自己毀了將來，連同陪葬了整家公司和所有同事的將來。

「妳聽起來很喪氣。」我說。

「因為我很喪氣啊！」她厲聲道：「這牽涉到很多人的生活和工作，更別提我的家人了。我很抱歉，我不是要對你發脾氣。老布，我該怎麼做？你是未來學家啊。」

我遲疑了，忽然間連我自己也不確定了。她在做對的事嗎？誰會拒絕三百萬美元？這是不是瘋了？

「你還在嗎？」她問。

我沉默太久了，讓人不安，而我不知道要說什麼。我也怕了。在下我，是個未來學家，但我忽然間對未來沒把握了。

我剛剛沒說話，是因為凱蘿的聲音裡有個元素，讓我想起幾週前的另一通電話。

第二通電話：站在十字路口的大學畢業生

我才剛結束一場會議，布魯諾的名字就出現在我的手機螢幕上了。

「你好。」我說。

「我是孬種。」布魯諾的聲音低沉，還帶著畏懼。

「怎麼了？」我問：「發生什麼事？」

「沒事。」他說：「我辦不到，所以什麼事都沒發生。」

布魯諾是我朋友的朋友，今年二十二歲，剛大學畢業。他的工作還不錯，可是他並不滿意，也沒有什麼成長的機會。他喜歡目前的生活，但沒有很熱愛。而且他很孤單，前一陣子才和男友分手，過程並不順利。布魯諾這陣子很難熬。

「我在面試的時候僵住了，」布魯諾解釋著：「我開始擔心如果現在的主管發現了怎麼辦，那我就會被炒魷魚。如果我被解雇了，就沒有健康保險，萬一我生病了，怎麼辦？到時候我要怎麼做？」

我沒說話，倒不是布魯諾的話讓我遲疑，是他的聲音。他很慌，而且很無助。我們這幾週以來的對話都是要給他力量，或提供他必備的信心，以追求自己要的未來。

我是不是傷害他了？我的建議能讓他離開現在的工作嗎？如果他沒了健保，那打擊就大了。我知道他有些嚴重的健康問題，如果不治療會有更多麻煩。

「你還在嗎？斷線了嗎？」布魯諾問。

「沒斷，我還在……」我的聲音愈來愈小，就像幾週後我和凱蘿的對話一樣。

凱蘿和布魯諾的電話讓我懷疑自己。我有什麼資格給人建議？不管是三百萬美元或是決定職涯發展，我憑什麼覺得自己能給出建議？

然後我對自己重複每次焦慮感襲上心頭時就要說的話：**你可以幫助他們，因爲你以前成功過**。過去二十五年來，我一直在幫助大型國際企業、矽谷科技公司、非營利組織、大專院校，甚至政府和軍方釐清他們前進的方向。

現在我想要幫助你。

思考未來會有一種人生癱瘓的感覺。你會全身凍結，連頭都動彈不得。你會覺得自己好像什麼都控制不了。你會很挫折，你會放棄。

你要怎麼改變你的未來？其實有一套方法，我會教你，就像我教凱蘿和布魯諾一樣。儘管緊迫的當下很慌（他們慌，我也慌），他們還是實踐了自己的未來。這兩位最後都暫停腳步，再重振旗鼓，然後很確定自己能安心地朝新方向邁進。接下來，他們回到規畫好的軌道，這條路徑我就稱為「未來的你」。

找到未來的你

每次初見到一個正為將來掙扎的人，我就會提到三種自我：過去的你、現在的你、未來的你，我們所有人都是由這三種自我所構成的。

過去的你，就是你的經驗和回憶——有樂有悔、有勝利也有挫敗，總結了許多人生教訓。

未來的你，就是你以後的模樣。你想要變成怎樣的人，你不想變成怎樣的人（接下來的章節會詳談）。

另外還有現在的你。

對大多數人來說，現在的你就是過去的你。我們一輩子都活在過去裡。就像《1984》的作者喬治．歐威爾說的：「誰控制過去，就能控制未來；誰控制現在，就能控制過去。」我們不只記得過去，還被過去支配，不斷懊悔以前做出錯的決定，或是追悔以前錯失的機會，抑或是想辦法忘記痛苦的時刻。當然，過去不見得這麼糟（希望沒有這麼糟！），過去也有過正面的回憶和歡樂的時刻。

不管過去是喜是悲，我們一輩子都活在有過去相隨的日子裡。這就是為什麼，對多數人來說，現在的你其實是過去的你。

這種心態的問題就在於：過去，畢竟已經過去了。如果你不能用全新的視角重新定義自己，就沒辦法改變過去。這讓我想到另外一句大家常說的話：「人不會改，只會變本加厲。」當現在的你就是過去的你，這句話必然是真理。

但如果你能扭轉這個公式，讓現在的你成為未來的你呢？在這個情境下，你想變成的人就是現在的這個你，那改變的力量就沒有極限。

我寫這本書就是為了幫助你做到這一點：逆轉劇本，讓現在的你轉變成未來最棒的你。我很期待要給你所有必備的策略和工具，還有別人的成功故事，看其他人如何學會擁抱未來的自己。等你看完書時，我保證你會非常懂未來的你。不但如此，你還會看到你想要的未來，自己在那個景象裡的模樣，也會知道你要採取哪些步驟才能抵達。

你會成為未來的你。這段旅程就從這裡開始。

好，那到底未來學家是什麼？

我經常出差，所以常常要搭飛機橫跨世界。搭乘國際航班的時候，我總是很喜歡填寫入境申請表，就是空服員在飛機降落前發的那張表。在職位的那一欄，我會清楚寫下「未來學家」。這讓我好幾次在過海關時遇上一些奇妙的對話，尤其是在倫敦希斯洛機場，有個大塊頭的海關員剛開始不相信真有這種職業，最後忍不住一直提問題，但因為後面還排了好多人要驗護照，實在讓我很為難。最後，在感覺沒完沒了的提問後，這位海關員終於蓋上戳章並說：「好的，未來學家先生，你的工作很有趣。」隨後又補了一句：「如果你的工作和未來有關，那就行行好，一定要讓未來很不錯喔！」

過去這十年來，我是英特爾的首席未來學家，這是全球頂尖的微處理器製造廠，為許多電腦和裝置提供晶片。基本上，他們生產電器的大腦。我很榮幸能成為這間公司委任的第一位未來學家。所以我在入境申請表上不會寫「工程師」，而是愉快地寫下「未來學家」。目前我的工作包括協助各種規模的企業和組織展望未來十到十五年，探索未來各種正面和負面的可能。然後我會讓他們看到要如何轉彎，從未來回頭看他們今天、明天和五年內要如何布局，朝正向的未來前進，擺脫負面的將來。

我的客戶分布於各產業，包括科技業、製造業、零售業、醫療業、建築業、金融業和政府與軍方。這些組織都有個共同點：他們今天都必須做出一些短期內看不到成效的決策。或許是投資決策，會造成今年帳面的數字不好看，或者是要開發新產品，可是要好幾年後才能看到投資效益。

要做出這些艱難的決定，他們需要受過訓練的人來蒐集資訊，以有系統的方式模擬未來。這時候就要靠未來學家了。我常跟學生說：「捨我其誰？」

我和客戶合作的時候所用的方法稱為「鑄造未來」，接下來會在其他章節深入說明。簡單來說，這個過程需要各種不同的資訊，像是社會科學、科技研究、文化歷史、經濟學、趨勢數據和專家訪談。我會用這些不同的數據來判斷哪些事情有可能發生。這就是未來學家在做的事——讓大家看到未來有什麼。

幾年前，我受邀到一家建築公司幫他們說明企業的未來。這家公司的歷史超過百年，合夥人有點擔心他們還沒為未來做足準備。我們把全公司的人聚在一起，思考了潛在的未來。他們主要在美國中西部設計、建造教育場所，但我們不只研究這家公司的未來，更進一步研究教育的未來，這樣他們才能想像公司以後要如何投入教育產業。這時候大家都沒料到的事情發生了。沒錯，他們看到了組織的未來，但也開始理解到教育本身也需要改變。他們發現公司可以怎樣形塑學習的未來，為所有學習者做好準備，讓他們這輩子都可以在二十一世紀的生活中茁壯、奮鬥。他們大受啟發，因此決定要成立一個獨立的非營利組織，稱為「九十億學校」。他們的宣言是：

九十億學校運動就是要鼓勵討論、創新與行動，協助創造出人人都能從學習中收穫的世界，不但因材施教，而且能學到老、學得廣、學得深。我們會和其他組織與個人一起合作、發想、創新，共同實踐九十億學校各種大大小小的願景。*

他們看到未來的可能性，還有他們能產生的影響，因此得到啟發與力量。

從這個例子可以看出來，我的工作不只是要想像可能的未來。我也會協助客戶實現最美好的未來。因此業界稱我是「應用型未來學家」。

大家剛認識我的時候，都以為我是成天閒坐，把雙腳翹在辦公桌上，幻想未來的樣子。這實在太扯了。我受過工程師與設計師的訓練。身為應用型未來學家，我不只可以勾勒出可能的未來，也要和大家密切合作，想清楚他們必須採取的步驟。他們下星期一要做什麼，才能更接近他們渴望的未來？

這可能表示我要和一家公司的人資部門密切合作，才能判斷未來要雇用哪些職能的人才對。或是和金融業的人一起探討現在必須投資哪些項目。我甚至會和設施管理員一起思考未來辦公大樓要具備哪些功能才可以符合未來員工的需求。

最終，身為未來學家，要衡量我有沒有用，就看能不能提供客戶經過完整研究所預測出來的未來，而且還要供應客戶務實的方針，讓他們今天就能執行，實踐未來。

未來學家爲什麼決定寫勵志書

老實跟你說：我從來沒想過你會讀到這些內容。就算是個專門在鑄造未來的人，

* "The Philosophy: Our Manifesto," 9 Billion Schools, accessed June 9, 2020, https://9billionschools.org/thephilosophy.

我也從來沒想像過我的未來竟然包括撰寫勵志書。

就像我說的，我已經擔任未來學家二十五年了，協助組織窺視未來，模擬正面和負面的結果。再和這些組織一起實踐正面的未來，避免負面的未來。同時我受過工程師與設計師的訓練，還是大學教授與科幻小說作者。那我幹麼寫一本勵志書？這就要說起另一段故事了……

我很幸運，在任職於英特爾的時候，受到了人生導師安迪．布萊恩特（Andy Bryant）的指點。安迪身材壯碩、和藹可親、蓄著大鬍子不修邊幅，熱愛高爾夫到了幾近癡迷的程度。他擔任財務長多年後被指派為董事長。安迪是哪種人呢？我和他當時都住在奧勒岡州，而英特爾的總部在加州聖塔克拉拉，我經常看他兩地通勤，時不時會巧遇安迪搭乘西南航空，坐在經濟艙裡，擠在兩位乘客中間。他可是年收入兩千億美元公司的董事長，就和我們所有人一樣窩在經濟艙裡，怡然自得地兩地通勤。

在最後幾次提供我導師諮詢的會議中，安迪問起我當初怎麼會加入英特爾。在這之前，我在一家小公司擔任互動式電視機上盒的設計師。當時網際網路才剛開始發展，你要把電話線接到數據機後面才能上網。換句話說，那是很古早的事了。

英特爾錄取我的時候，我很興奮，因為這讓我能到國際化的全球舞台歷練。英特爾的產值以十億晶片為單位。我想要從根本改變這家公司想像、設計、打造晶片的方式。我希望創造以人為本的科技。我要讓其他的工程師理解到他們不只是在打造速度快的電腦，這些運算快速的電腦也有能力可以改變人們的生活——希望愈變愈好。

我對安迪講了這些，他微笑說：「嗯，顯然你的標準還不夠高，因為你過去十年在和我們共事的時候就已經做到這一切了。現在，你下個目標是什麼？」

這次會面之後，我沒有馬上回到我的辦公桌。我在廣大的企業園區裡漫步，認真想著安迪的問題。

我是很不一樣的未來學者，以「科技應用型未來學者」出名。其實比較接近科技未來學者。我從事的工作多著重於科技，以及科技會如何為社會帶來更好的影響。至於應用的部分，那表示我不但能展望可能的未來，還能讓這些遠景成真。

但我也是關心人的未來學家。我認為，我們在人生中做的每件事都始於人、終於人。或許當中的過程會用到很多科技與製程，但起點與終點永遠都是人。有個記者曾經開玩笑說我是個關心人群勝過科技的科技未來學家，這個玩笑話對我來說，是至高無上的讚美。我那天在園區漫步一邊思索下一個目標，這讓我發現：我其實對人最有熱情。

我愈想愈明白人生的下個階段，自己想要為人群做出我過去七年來為晶片做的事。我想要從根本改變大家想像、設計、打造人生的方式。我想要協助大家明白：未來不是固定的，未來是由我們每天的行動所建構起來的。我希望大家能擁抱以下事實：每個人都可以打造自己的未來，只要願意積極參與這個建造過程——這是唯一的條件。我們不能讓未來憑空而降，或者讓別人設計自己的未來，這樣更慘。

這就是我這個未來學家為什麼要寫一本勵志書了。對很多人來說，未來感覺像是個盲點，看不到也沒辦法改變。但這是錯的。你可以改變的，今天就可以開始。希望你已經準備要冒險了。因為我很期待能協助你想像、設計、打造你一直想給自己、給孩子、給人群的未來。誰曉得呢？說不定一起打造未來的人夠多，還能改變全世界的未來。

實用、不唬爛的方法

我希望這本書能盡量貼近讀者，而且容易上手，所以裡面有很多小故事，都是採用這套方法成功的素人。我也希望這本書能夠務實、與你互動，所以有快問快答的小節。每一章加上這個練習小節，是希望你看到以後可以放下書，拿起紙筆。我在協助企業和組織的時候也會運用快問快答。這些工具可以讓大家動腦想、動手做。我在書中請你拿起紙筆，或用手機記錄，在很多大型企業裡也會要求執行長和董事長這麼做。

或許你拿起這本書的時候並不想要參與這種練習，可是這真的無比重要，我再怎麼強調都不夠。我接新客戶的時候，都會先運用一連串探索性的訪談來理解他們獨特的需求，然後才開始繁瑣的研究。

我的團隊和我一起找出內情，是從人類學、工程研究、市場調查、科技等多種觀點深入，甚至還要看點科幻小說，研究內容會根據專案屬性而定。最後，我們可能會用成千上百筆數據來為客戶模擬出不同的未來。

我沒有要嚇你。我在快問快答裡提出的問題沒有這麼多細節，但是你要創造出足夠的腦容量來支應真正的未來工作。

最後，關於這套方法，我知道每個人的思維方式和工作方式都不一樣，但我強烈建議你選一本筆記本或日記本，或至少用數位裝置來記錄自己的回答。根據我的經驗（包括自身經驗和對其他人的觀察），書寫或打字的動作可以迅速建立真實感，如果你只是在腦中默想答案，就不會有這種效果。這也可以幫你把所有關於未來的想像與展望都整理在同一個地方。日後你必須知道回顧筆記的時候要去哪裡找。

好了，我不繼續當個囉唆的教授了。不過，希望你記得，我每個學期剛開始的時候都會對學生講一樣的話：這個過程就是打造人生的過程。或許你現在還不懂，但我保證你很快就會明白。

接下來：搞定未來

對很多人來說，未來就是未知，而且很多誤解支配了他們的未來。這讓我想起一句很多人說是馬克・吐溫說過的話：「這世界的問題不是大家知道得太少，是大家知道的都不對。」你要掌握未來之前，必須要先破除長久以來的迷思。這是第2章要探討的主題——關於未來的一切，你聽到的都是錯的。

第2章

關於未來的一切，你聽到的都是錯的

本書裡，躲藏著一個陰魂不散的幽靈。所有人想到未來的時候，也都會被同一個鬼魂嚇得不要不要的。可是大家都沒發現，這嚇人的鬼不是真的。那是虛構的，就像黑白老電影裡的殭屍。

我回想著二〇一八年人生中最詭異的一段酒會對話。當時我在舊金山的頂樓露台，參加《連線》科技雜誌二十五週年慶，那也是我從事未來學家工作的第二十五年，所以編輯邀請我去演講。

我旁邊的年輕女性遠眺著海灣時問我：「你要聽一件有點古怪又很私人的事情嗎？」她的名字是奧黛莉，我們前陣子一起和電影公司合作時才認識的。

「來吧。」我說。

奧黛莉開始活靈活現且鉅細靡遺地描述她那幾天做過的夢，末日後的世界裡到處都是無人機和機器人，擴增實境已經氾濫到失控了。

「聽起來很像科幻電影。」我說。

「是啊！」她高聲說，整張臉亮了起來，但是又馬上蹙眉，因為夢境急轉直下變得很黑暗。機器人有自己的思想，自駕車會脫軌。她媽媽出現了（一定要的！），只不過那顯然不是她媽媽（當然囉！）。奧黛莉在夢境中一度拿下擴增實境的頭盔，發現這個未來感十足的城市其實是個被轟炸到體無完膚的戰區。她甚至還清楚描述焦屍的味道，這和頂樓酒會的輕鬆氣氛截然不同。

「奧黛莉，這個夢很恐怖。」我準備幾分鐘後要上台了，所以請她體諒我必須先結束這段對話：「可是在我離開之前，」我補充說：「我想向妳保證，這個夢魘不會發生，因為人類不會讓這種事情發生。我們才是主控的那一方，尤其提到科技，人類始終居於核心。妳的夢很可怕，是因為妳怕人類失去控制，倒不是怕科技接管了掌控權。」

奧黛莉的夢正是本書那個陰魂不散幽靈的最佳寫照。她和很多人一樣害怕失去力量。就是這股恐懼建構了她的夢魘。她媽媽不是她媽媽。那座城市不是那座城市。她以為的真實根本不真實。有個「東西」改變了她的實相，控制了她的所見所聞。這個東西有權有力。在她的噩夢中，擴增實境就是那個扭轉實相的工具，可是擴增實境是個真實存在的科技，所以她的噩夢就更恐怖了。不過，奧黛莉的夢境說到底是在描述她沒有力量控制自己的未來。

我們在這一章會更仔細來觀察未來，讓大家看清楚這種黑暗、失序、由恐懼主導的未來觀只是一種偽裝，就像電影特效一樣很容易識破。看電影的時候，當你知道鬼怪的真實樣貌，這股恐懼就顯得很好笑了。

為了掀開未來的面紗，把完整的權力交給你，我想要趁現在點出最關鍵的真相。

第一個關鍵眞相：未來沒有被寫死

請你閉上眼睛想像未來。你看到什麼？或許你看到自己老邁的樣子，在海灘散步，或是在遠方的城市街道上穿梭。如果你有小孩，可能會看到他們都長大成人了，甚至也有了自己的孩子。又或許你腦海裡想像著一座歷經時間變化的城市，或是遭氣候變遷破壞的環境。不管你構建出什麼未來的畫面，重點是，這到時候都是固定不變的結果。因為你很習慣這種信念，所以隨著時間的推進，就會明確劃定出未來。你會認為這是命中註定，或者抱持命運早有安排的想法。

你知道我想說什麼嗎？宿命論是講給魯蛇聽的。說好聽一點，它是讓你逃避、開脫的藉口；說難聽一點，它就是個謊言。或許你一直被灌輸這種觀念，覺得未來就是這樣，但請你仔細深思。

這本書的目的就是要讓你知道該怎麼想像、設計並抵達你要的未來。在這過程中，我也會協助你搞清楚怎麼避開你不要的未來。對很多人來說，未來就是個盲點。他們知道未來就在那裡，可是他們看不到。我就是要來告訴你：你可以。你可以看到未來。第一步就是要理解過去你聽到與未來有關的一切都是錯的。這句話很狂，我知道，但給我一點時間，我會解釋清楚。

大家（尤其是那些有權力或名氣的人）在談論未來的時候，方法全錯了。你是否曾在電視上看到名嘴或官員講過以下這種話：

- 「未來，機器人會取代我們所有的工作。」
- 「到了×××年，你就不能再自己開車出門了。路上只能有自駕車。」
- 「未來，保險公司會要求所有人體內都必須植晶片。」

從這些例子可以看出來，當大家在談論未來的時候，措辭都錯了，彷彿未來是最終的目的地，好像那個是我們都要朝它邁進的地方。但並不是。未來又不是愛荷華州的一座城市，所有人到最後都在那裡集合。並沒有。別誤會了，我覺得愛荷華州很棒，我去過很多次，你懂我意思就好。

當我們把未來想成是特定的地點，大家在談論未來的時候勢必會同一個調調。不管你想不想，都要去愛荷華。我再講一次，這不是真的（也再次強調，我很喜歡愛荷華）。未來有很多可能。

未來沒有被寫死，我們在前往未來的路途中也沒有失去力量。接下來就要問：你知道了以後該怎麼做？簡單來說：你就要積極參與你的未來。你不能癱坐著，等未來自己出現。如果你不想去愛荷華，你就不要去啊！更重要的是，不要讓別人替你決定未來。這絕對不會有好下場，你有力量可以形塑自己的未來，就看你怎麼運用這股力量。

這聽起來好像很艱鉅。我懂。多數人不會日思夜想著未來。何必呢？那不是他們的工作。我們都很忙。我們要工作、要念書、要照顧家庭。對多數人來說，光想著晚餐要吃什麼就算有未來學家的樣子了。這樣也很好。

問題是，多數人沒有舞台或機會來思考未來，所以我要上場了。我太太總是說我住在十到十五年後的未來裡，週末的時候才通勤回家。

所以，沒錯，我可以幫忙，所以我寫了這本書，所以你才會閱讀這本書，找出全新的方法來思索未來。我不能斷定你的未來。只有你才辦得到。這就是為什麼你要提防那些說可以預測未來的人。

只有你才能知道自己的未來。我可以幫忙遞給你正確的工具。我可以教你怎麼想像你要的未來，同時找出落實未來必須採取的務實步驟。

現在你知道未來不是一個固定的終點了，而且自己有力量可以朝不同的未來前進。那下個問題出現了：你想要去哪裡？你想要什麼未來？要回答這一點，你必須想像自己在你規畫的未來裡，為你的明天做個新的夢，因此我們要來看關於未來的第二個關鍵真相。

第二個關鍵真相：未來不像科幻電影

很多人努力想像未來的時候，通常會依賴人生中一個以未來為主題的素材：科幻片。何不從科幻片取材呢？很合理啊。我們經常看到這些關於未來的圖像或影片。我們都曉得太空旅遊會是什麼樣子（《火星任務》《星際救援》《地心引力》）、未來的城市是什麼樣子（《關鍵報告》《飢餓遊戲》《第五元素》）、自駕車是什麼樣子（《機械公敵》《人工智慧》《魔鬼終結者》），還有比我們都聰明的機器是什麼樣子（《雲端情人》《人造意識》《太空漫步》）。

科幻片是個充滿千萬可能性的迷人世界，關於未來的內容相當豐富。為什麼我們在想像自己的未來時不直接取材就好了？這個嘛，簡單來說，因為這徹頭徹尾都錯了。容我來解釋一番……

首先，如果你還不曉得，那我鄭重介紹一次，我是個阿宅，打從骨子裡的科技宅。我之前也提過了，我還寫過科幻小說——我的作品《戰爭：巫師與機器人》（*War: Wizards and Robots*）就是在講時空旅行的生化人和勉強扛下主角責任的女少年如何保護地球不被邪惡機器人完全殲滅。所以，沒錯，我真的很迷科幻。我是說，會思考的機器大規模反動，企圖控制所有大城市，又在戰鬥過程中自我毀滅，這種電影誰不愛？

不過，問題來了：我十歲的時候會在學校的電腦教室裡閱讀科幻小說，可是等我長大成人的時候，一切都變了。科幻小說很有趣、很迷人，可是如果我們要認真、正經地思考未來，科幻小說就必須放回書架上。未來不是這樣運轉的。科幻片當視聽娛樂很過癮，可是你不能拿科幻片來當作規畫未來的基礎。

要解釋得更清楚，且讓我為你介紹一位朋友，我們也一起共事，他很清楚未來是怎麼被想像出來的。

讓平行時空相會的實驗室

南加大的校園在洛杉磯市中心，這間大學知名的理由很多，其中以影視課程最著名。喬治・盧卡斯（George Lucas）、朗霍華（Ron Howard），還有許多大咖製作都曾經在這裡練功，所以南加大吸引了很多年輕的製片和說故事高手。

我那天在神殿大會堂前面下車，精緻的彩繪玻璃和摩爾式尖頂就在我眼前。許多卓越的頒獎典禮都曾經在這個劇院舉辦，比如葛萊美獎、奧斯卡獎、艾美獎等等。就像許多南加大校園裡或周邊的建築物一樣，周圍有許多高聳的棕櫚樹，會讓人聯想到好萊塢大明星。

神殿大會堂旁邊就是辛密克斯數位藝術中心，它以勞勃・辛密克斯（Robert Zemeckis）命名，《回到未來》和《阿甘正傳》都是他執導的作品。我進到裡面去找亞力克斯・邁道爾（Alex McDowell），他是南加大的教授，也是世界建構媒體實驗室

（World Building Media Lab）的主管。

我認為，如果我要和你談談怎麼思考未來，那請教這個專門講述未來故事的人最合理了。這就是亞力克斯的工作。他的成就非凡，其中幾項是替史蒂芬・史匹柏打造出《關鍵報告》裡的世界，還有二〇一三年《超人：鋼鐵英雄》的場景。

南加州的天氣向來晴朗和煦，這天也不例外。亞力克斯在世界建構媒體實驗室裡，有許多太空站和未來建築的迷你模型，也有許多熱情的學生。

「嘿，老布！」亞力克斯把我帶進他的辦公室，他是英國人，所以口音使他說出來的話聽起來都特別聰明、特別深奧。他平常說的話大多就很聰明、深奧，但是他就算是對你說洗手間在哪裡，聽起來也像是人生智慧。

互相打完招呼之後，我便說：「我想談談想像未來。」

「好，你來對地方了。」他爽朗地笑著說：「想像未來正是我們這裡在做的事。」他指著旁邊的工作站，這時有一群學生正圍著一個模型端詳，它看起來很像水下大都會。

「我也這麼覺得，」我說：「但話說回來，想像科幻電影裡的未來和想像真實的未來不一樣。」

「你說得非常對。」亞力克斯在椅子上往後一靠。我可以看到他肩後的棕櫚樹襯著燦爛的藍天：「科幻電影的重點在於說出好聽的故事，可以把觀眾拉進戲院，這樣才有票房，電影公司的高管才會高興。好萊塢的所有科幻電影在意的是賺錢。對我們來說，創造出驚悚的劇情才有好生意。大家喜歡心跳加速，渴望刺激。」

「在商言商，這點完全正確。」我說：「大家在看關於未來的電影時，必須記得這是視聽娛樂，被創造出來只有一個目的，就是要讓人掏錢，出個十三．五美元，或是現在一張電影票的錢。」

「是啊。」亞力克斯說：「而且，聽我說，這樣做並沒有錯，這是我的工作，我和史蒂芬．史匹柏、大衛．芬奇（David Fincher）、泰瑞．吉連（Terry Gilliam）等人一起創造出驚悚萬分，而且非常逼真的世界。那個世界愈逼真，就愈能讓觀眾信以為真，他們就會相信大螢幕上的景象都會發生。像《關鍵報告》，我們花了很多心力去請教科學家、人類學家和其他專家，才能確保創造出的未來會讓大家覺得很真實。為了讓觀眾上鉤，必須說服他們相信我們的闇黑景象會成真。」

「闇黑也很重要。」我說：「電影裡一定要有衝突和戲劇效果，大家才會看下去。如果主角都很完美，還住在完美的世界裡，完全不會碰到壞事，這種電影才沒有人想看。」

「那種電影很難看，」亞力克斯說：「除非是楚門秀。」

「沒錯。」我笑著說：「但是，說真的，一定要記得當我們在看關於未來的科幻電影時，那不只是別人在銷售的產品，而且還刻意做得很黑暗、失序，因為這樣才有劇情，這樣才好看。」

「確實。」亞力克斯探頭看實驗室：「這就是我訓練學生去做的事。」

「所以如果大家想要認真地想像未來，他們絕對不能用科幻電影當腳本。」我說：「如果我們明天醒來，發現自己活在科幻電影裡，活在《關鍵報告》的場景裡，那可不妙。」

「那就是噩夢一場。」亞力克斯同意我的話。

「科幻電影……看起來爽度很高，」我說：「但不能用來規畫人生。」

「我從來沒有這樣想過，」亞力克斯換了個坐姿：「不過，沒錯，你說的對。」

第三個關鍵眞相：未來有個不可告人的小祕密

好，我們回顧一下。我們已經明白未來沒有被寫死，也不是我們不管想不想都得一起前往的終點。我們也知道未來不會看起來像科幻電影——這樣很好。那未來究竟是什麼樣子呢？這就要看第三點，也是最後一個關鍵真相了。我認為，未來有個不可告人的小祕密。

你聽到有個抑揚頓挫的聲音說：「未來二十五年後，你打開門，走進了完全不同的世界。」接著聽到鼓聲。

我坐在紐奧良的會議室裡，燈光調暗了，這場在「愜意之都」舉辦的會議討論著城市的未來，那是開幕影片。

業界做出來的這種「願景影片」我已經看過很多版本、很多次了。贊助商和活動主辦單位喜歡製作這種影片，讓大家期待明日的世界，也會利用影片來展現他們的長程策略思考有多麼前瞻尖端。

如果你到現在還看不出來，我可以老實說，我一點都不喜歡這種願景影片。

「自駕車可以帶領你去上班，帶小孩去上學。」影片繼續說，並且呈現出帥哥美女的完美笑容，以及帶點未來感的服飾。這通常很乏味無趣。我不懂為什麼每個人都覺得未來的人不喜歡明亮的顏色或牛仔布。

「獨立運作的無人機可以送貨，也可以送藥……」旁白繼續說，但老實說我已經沒在聽了。這不是說我不相信這些影片裡的科技會問世，更不是我擔心它們會為我們的生活和城市帶來負面影響。

我的疑問在於，這些製作精美的願景影片，想要掩蓋不可告人的未來小祕密。有人在談論未來的時候，不但誤以為那是固定不變的終點，也無能為力改變，而且談到未來的時候都覺得會有一場翻天覆地的全面改變。

關於未來，那個不可告人的小祕密就是：**未來會很像現在**。如果你去紐約，拍一張第五大道的照片，然後和十年前、二十年前，甚至三十年前在同一地點拍出來的照片相比，你會發現過了這麼多年，看起來差不多。當然，車子和行人的衣著是不一樣了，可是這個地方大致的面貌和氣氛幾乎都相同。

這樣很好！因為，就像地景一樣，人類文明也不會發生大規模、劇烈衝擊的變化。就像亞力克斯所說，如果我們明天早上起床，發現自己活在科幻電影裡，那就是一場噩夢。

再說，如果未來會看起來很像現在的樣子，這表示只有幾件事情會改變。我們會在接下來幾章仔細地討論這些事。

看透這個祕密就表示你理解以後會有什麼，也表示你可以塑造自己的未來。要擔心的事沒幾件，未來沒有這麼讓人無措。

在我們跳下去開始之前，我想要給你最後一項工具來替你做好準備，迎接未來。這算是一種防備機制。因為你開始想像、設計和實踐你的未來之前，會在這個過程中遇到很多人，他們希望你能相信另一種未來。你不必聽他們的，原因如下。

提防預言，以及創造預言的人

身為未來學家，很多人始終期待我能預測未來。這和我的專業領域有關。他們的誤會很合理，而我經常告訴他們：我不是那種未來學家。事實上，我是拒絕提供預言的未來學家。

為什麼？因為預言無用。那是唬人的。

關於預測未來，我最欣賞科幻大師以撒．艾西莫夫（Isaac Asimov）的一段名言，他的機器人故事全集聞名全世界，我自己也非常喜歡。不過，艾西莫夫也很擅長解釋道理。他寫過的科學事實書籍多過科幻故事集，他的著作橫跨眾多學科，從天文學、生物學到化學——可能列不完，但你懂的。他甚至寫過《聖經》和世界歷史。

可是講到預測未來，艾西莫夫的立場很堅定。因為他寫科學事實和科幻作品，眾人總是期待他能預測未來，因此他說：

> 預測未來是一件毫無希望也不足感謝的工作，你只要用嘲弄的口氣開頭，奚落的口氣結尾就行了。*

我總是在開學第一天就和學生分享這段話。我說如果你聽了這句話，還想要當未來學家，那你就來對地方了。

我也會對學生說，未來學家不預測未來。「準確」不是我們的工作，那是大多數權威和預言家想做的事。他們想要準確。他們希望在預言成真時，可以站在攝影機面前說：「看到沒？我說了吧。」

但這不是未來學家的工作——至少不是我這種應用型未來學者。

身為應用型未來學家，我的工作不是要猜對，而是要弄對。這差別好像很細微，卻囊括了我做的一切、我的整個宇宙。這基本上代表著我在和客戶合作的時候，不管是小規模的新創事業或澳洲政府，我不只是模擬可能的未來，也要替客戶做好準備，這樣他們才能實踐最可能的結果。我協助他們設計自己的未來，這樣他們才能弄對，最後事業興隆。

這就是你和我要一起做的事。我不會預測你的未來，但會提供工具和思考方式，讓你能弄對未來，獲得想要的未來。

很多人喜歡預測未來，大家都喜歡說你的未來是什麼樣子。更糟的是，這些人喜歡用讓人招架不住的未來畫面來嚇唬你，讓你以為自己拿未來沒辦法。這太荒唐了。只

* Isaac Asimov, "Life in 1990," *Diner's Club Magazine*, January 1965.

要有人說出明確的未來會怎麼來，而且你拿未來沒轍，這個人就是在削弱你的力量。

你開始設計自己的未來之後，很可能會碰到這些只會唱衰你的人，若要對抗負面未來的猛烈攻擊，方法很簡單。每次有人斷言你的未來並開始說出預言的時候，你就問自己以下三個問題：

- 他們是誰？
- 他們為什麼要對我這樣說？
- 他們期待我得到這個資訊之後，做什麼？

簡短又有效，我刻意把這些問題寫得很簡單、精煉，這樣當你在看電視或電腦，或者是在健身房或機場裡，發現有人在大膽預測未來，你就可以停下來問自己這些問題。

未來學家聽你差遣

現在進入最後的重點。你邀請我走進你的人生，開始討論你的未來。（好，這樣我好像是一種未來吸血鬼，但我們先跳過這個比喻。）我不會給你任何預言，也不會預測你的未來。我可以給你不同的方式思考未來，但只有你才能知道並創造自己的未來。

有了這份認知之後，我很期待要讓你看看怎麼和未來學家一樣思考，這樣你就可以開始打造自己的未來。當你起頭像未來學家一樣思考的時候，就開始獲得力量了。

但首先，我們來做個很快的練習，讓你進入正確的思維。

快問快答1：運用未來

現在該開始進行第一個練習了。我在第一章提過快問快答，希望你已經有一本日誌可以用來完成書中所有的練習。如我之前的解釋，這真的可以協助你把所有關於未來的想法和點子都集中在一起，這樣你回顧的時候就能輕鬆找到它們。鑄造未來是個過程。在這段歷程中，你的日誌會成為最有價值的工具。

要開始這項練習，我只需要你回答以下的問題。你想要花多少時間，就看你平常怎麼想事情，我覺得這段時間應該要比喝杯咖啡久，但也不需要你取消整個週末的計畫。好，我們來吧。

第一部分：想想未來

對我們很多人來說，對未知的害怕是最強烈的恐懼，因為未來感覺就好像是個龐大的盲點，又巨大、又嚇人、又難以形容，卻存在於我們的生活中。這會讓我們進入一個愈來愈惡性的循環：你覺得自己對未來知道得愈少，就愈感到害怕，懼怕逐漸累積，就會讓你更看不到未來可能有什麼發展。下列練習的用意都是在協助你打破這個循環，擺脫恐懼，並且移除遮罩，讓你能為自己和生命中最親近的人想像出更新、更好的未來。

問題一

●關於未來，你最怕什麼？

我們先從簡單的腦力激盪開始。針對未來，我希望你能寫下三至四項讓你夜不成眠的恐懼。或許是怕失業、可能是擔心景氣，又或許你怕生病、摯愛的人可能會失去健康。或者是怕你會一個人老去。哪一種恐懼先浮現在腦海裡，寫下來，然後看下一個問題。

追加提問

●有沒有讓你心煩的小困擾或小恐懼？

平常有哪些恐懼會圍繞著你？不一定是那種會翻天覆地、改寫人生的恐懼，而是一些小煩惱。你會擔心身材走樣嗎？你耗費太多時間在科技產品上嗎？

問題二

●關於未來，你最近聽到的預言是什麼？

我在這本書裡會不斷提到，專業預言家無所不在。打開新聞你馬上就會被轟炸，如果不是從電視名嘴的口中聽到，或許就是聽到健身房裡另一台跑步機上的人在預測未來，斷定股市將來一定會這樣或那樣。如果你最近聽到的預言不只一則，那更好。

追加提問

●這則預言給你什麼感覺？

●這則預言讓你做了哪些思考？

請你寫下幾個詞，描述這些預言給你的感受。聽到預言的時候，你腦海的畫面是什麼？它有沒有改變你對未來的想法？這是好事還是壞事？為什麼？

問題三

●往未來看，你最遠可以看到哪裡？

這個問題的答案多少和你的年紀有關係。你愈年輕，愈能看得遠，但也許仍然可以向前展望五年或十年。不管你幾歲，請你花點時間來想像、描述腦海中出現的未來。你在什麼樣的地方？你身邊有哪些人？你看起來是什麼樣子？細節對於展望未來很重要，所以愈詳細愈好。

追加提問

●你很期待這個遙遠未來的哪些環節？

●有哪些部分讓你很煩惱？

這真的很像做新的健身訓練一樣：你會用到平常沒用的肌肉。你可能會覺得這很難。可能也會很痛苦，或是難免讓你有點不爽，但這很值得。習慣思考未來，並且明確地描述未來，是一個非常有幫助的工具，可以協助你想像、設計、抵達你的未來。

第二部分：談談未來

在這部分的練習中，我希望你找身邊另外三個人，問他們同樣的問題。盡量找年紀、性別、背景都不一樣的人——或許一個是朋友、一個是親戚、一個是同事。當你積極、刻意地請這些身分不同的人分享答案的時候，你想要的是他們根據親身經驗而來的最真實答案。不同世代、不同膚色、不同性別、不同社經地位的人，我敢說他們的觀點和答案可以解開你從來沒想過的念頭。問別人關於未來的問題，從中獲得不一樣的觀點，可以讓你擁有新的覺察，並拓展你的想法。

請他們把答案寫在電子郵件或簡訊裡，或是面對面交談、電話交談的時候做筆記。不管怎麼做，盡量寫下愈明確的細節愈好。如果你需要花點時間才能自在地思考未來，那麼談論未來也很重要。請記得，對你訪談的對象來說，他們也沒做過這種練習。他們不習慣討論未來，或許會感到不自在，也可能覺得這樣很蠢。賓果！你用這種方法也可以很快判斷出生活圈裡有哪些毒瘤或是不支持你的人。透過這個練習你也能找到誰是協助你抵達未來的隊友。

第三部分：仔細考慮未來

這是最後一部分的練習，我希望你比較你和別人的答案。好，我知道這本書你才看了一、兩章，我並不期望你對未來的一切已經完全改觀，但希望隨著你開始重新定義自己和未來的關係，你和訪談對象討論未來展望時會有些明顯的差異。

仔細考慮未來很重要，因為這給你充足的空間和時間去思考。多數人不會給自己時間思考他們想要什麼未來、找別人討論、然後靜下心來好好想想。

問題

●你學到了什麼？

●你還想要同樣的未來嗎？

●這有沒有改變你現在為自己擘畫的未來？

你的未來沒有被寫死。未來可以改變，你也可以扭轉未來。你在開始打造的過程中，如果未來變了也無妨。這樣是很正面的。仔細思索未來，就能給自己空間去弄對未來。

我時不時就會替自己的人生進行未來展望，所以對我來說，差異真的很明顯。我這幾年在進行這項練習的時候，觀察到以下幾個模式：

●**完了完了：**我總是很驚訝，大家在想像未來的時候，怎麼會馬上聯想到最糟的狀況。拿死亡來說好了，我知道死亡不可免，但不會糾結在這裡。我會專心控制眼前的一切，吃得好、定期運動、每年做健康檢查，並且盡我所能來掌握身心健康，這才是我能控制的部分。當一個未來學家最棒的事，就是能樂觀地展望未來。樂觀或悲觀——認為未來很正面或負面——是一種選擇。沒有對的答案。看你怎麼想。選擇用積極正面的態度來面對未來，很有力量。我希望你也可以。

●**無法對預言持保留態度：**記得，預言是講給魯蛇聽的（這是未來學家說的）。我的工作不是要預測未來，而是要幫助個人和組織模擬不同的結果，選出最可能的未來。開始為自己的人生鑄造未來時，這必須是你的首要目標。不要預測未來，而是隨時為它做好準備。

●**失序的未來：**要怪就怪好萊塢吧，但我們也有錯，誰叫我們一定要拿這種黑暗的未來觀當作視聽娛樂呢？我喜歡科幻驚悚片，就和我喜歡旁邊的人一樣。但我也知道，大螢幕上的畫面或紙上的情節是某個創作者拿了錢搞出來的名堂。在真實人生裡，未來不會像這樣。不管你多老或多年輕，你認知的世界在你往生之前，不會有太大的改變。

好，以上就是你的第一個快問快答練習。替自己鼓掌吧。我說真的，現在就拍手。好，如果你不拍手，那至少給自己一點時間，覺得自己很棒。就像去健身房或跑步，這些練習很吃力。這不會很簡單，但你完成之後，當你努力過後，這就是成就，我想拜託你花點時間肯定這一點。也別忘了謝謝那些提供意見的人。

接下來的章節裡還會有更多練習，下一章也有，我們會進入正題講怎麼和未來學家一樣思考。

接下來：言歸正傳

現在我們已經清除了長久以來對未來的偏執迷思，我們可以處理未來的真相了。你已經準備好要和未來學家一樣思考了。我會在第3章掀開鑄造未來的簾幕，一步一步說明這套方法。在這個過程中，我會分享很多人的故事，他們用這套方法成功發現並實現了自己想要的未來。

第3章

如何和未來學家一樣思考

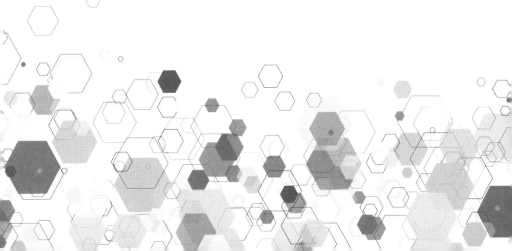

「所以你能預測未來？」她滿腹懷疑地問了。

「不，蜜拉，我完全不會。」我看到她的領子上貼了姓名標籤：「我和很多人一起合作探索他們可能的未來。」

我在達拉斯市中心，面對一家大型能源企業的所有董事，準備和他們合作，不只要模擬這家企業的未來，還有整個能源產業的未來。

我補充說：「接下來這兩天，我們會探討樂觀與悲觀的未來，為貴公司指出正確的方向。」

「那……意思是……你看得到未來？」蜜拉還是不太相信這一套。會議室裡其他董事熱切地關注著我們的對話，我看得出來很多高階主管也在想同樣的事，只不過蜜拉才有足夠的勇氣表現她的懷疑。

「並不是。」我笑說。

用這種方式來展開討論會，敵意可能頗重，可是我很享受這類型的討論。我喜歡聽到大家真實的感受，愈早公開自己的成見愈好。一提到未來學的力量，不相信的人總是很多。它的原因，正如我在前一章已經詳細說明過的：關於未來的一切，你我大部分人聽到的都是錯的。有些人想要找我來提供不同的未來觀，但總會有人本能反應就是先懷疑。這我沒意見。

「身為未來學家，我擁有一些必備工具和方法，來協助你們探索未來。」我繼續說：「我不是能源專家，差遠了。你們才是能源專家。我們會用我的方法和你們的專業一起探討能源的未來。」

蜜拉點點頭，會議桌上的玻璃水壺附著水氣，她給自己倒了一杯水。我感覺得出來她還想要逼我多說一點，只是她很客氣，不希望在討論開始前就離題了。

「我看不到未來，但可以讓你們知道怎麼改變未來。」我誇張地說。

「等等，什麼？」她完全沒料到我會繼續這個話題。

「意思是，你可以告訴我們今年誰會贏得超級盃嗎？」會議桌對面有位先生笑著說：「那對我幫助很大！」他是法蘭克經理，就是他找我來這場討論會。

「我也希望自己可以。」我說：「可是我不想讓在場的牛仔隊粉絲失望。」桌邊更多人笑了，這樣一來，大家就開始放輕鬆了。運動相關的玩笑話最能讓董事會議放鬆一點。

「不過，說真的，」我繼續說：「我的工作不是預測未來，可是這幾年來，我已經學會怎麼改變未來。不只是探索可能的未來、潛在的未來，而是確實改變未來的方向。答案就在……」我刻意喘口氣，獲得全場的注意。

「什麼？」蜜拉問了。

「老布，夠了，不要吊我們胃口。」法蘭克過於興奮，用力拍了會議桌。

「要改變未來，必須先轉換你們所描述的未來。」我說：「如果你們做得到，就可以用不同的方式來描述未來的自己，也能做出不同的決定，而這些決定會帶領你走向全新的未來。就這麼簡單。我曾經和類似你們公司的企業合作過，也和政府、軍方配合過。改變陳述內容，就能轉換未來。這是鑄造未來時關鍵的第一步，這也是我們要一起跨出的第一步，就從現在開始。」

我朝蜜拉看了一眼，想知道最鐵齒的人有沒有任何鬆動、軟化的現象。就和所有高階主管一樣，她也有張撲克臉，但一、兩秒鐘之後，她的頭微微點了一下，那種幅度幾乎肉眼看不出來，她的眉毛也揚了一些。這就是我要的開場。

鑄造未來的步驟

接下來那兩天，我在達拉斯和蜜拉等人分享了鑄造未來的方法，那是我過去三十年來不斷研發、改良的一套系統。我會在這一章和你分享。

如我在達拉斯對這家公司的團隊所說，要改變未來，第一階段與最重要的步驟就是要轉換你的描述方式，用不同的方法去說明你想要生活的未來。所以你要先想像自己在一個不一樣的未來裡。你得先想想怎麼用全新的敘述方式來描繪你的未來。我等一下會提供更詳細的說明，有很多不同的策略可以協助你寫出這個新的論述。現在，你只要知道**「守著舊的敘述方式，你就沒辦法改變未來」**，這樣就夠了。

你創造出自己的敘述之後，第二階段就是要找出哪些力量可以讓你抵達你的新未來。這些「未來助力」包括了身邊有哪些支持你的「**人**」可以幫你，哪些「**工具**」可以讓你根據新的腳本往前推進，還有哪些「**專家**」走過同樣的路。我會讓你知道要怎麼找出這三種資源、妥善運用，讓你的新未來能維持在軌道上。

你一旦看到自己出現在不同的未來裡，並且找到「未來助力」以後，最後一階段就是我所說的「以終為始，逆向鑄造」，就是要確定你必須採取哪些明確的步驟才能走到你要的未來，也迴避不想要的未來。這聽起來很嚇人，可是把整個流程規畫成漸進的步驟，就會覺得比較可行。我把這個階段稱為逆向鑄造，因為你要以終為始：你要先想像一下在起點和終點之間，你必須做什麼才能抵達「**中途點**」，再想想你必須做什麼才能抵達第一個「**前哨站**」，然後再想想你現在必須馬上做什麼。

鑄造未來就是一場運動。要能夠開始、發展動力、延續氣勢才能完成整套流程。很多未來沒有被實現，都是因為那些人根本不知道要從哪裡開始，這種例子根本數不完。他們想太多，最後陷入分析癱瘓狀態，動彈不得。如果說「想像」是鑄造未來的第一條規則，緊接著「行動」就是第二條。

簡單來說，這道流程就是如此。接下來，在本章裡，我放入更多細節和範例、練習、策略。後文就會看到一位女性運用這套方法來找到真心想要的新職涯。你也會看到我合作過的其他對象，他們為人生鑄造了不同的未來——獲得了愛、感情、金錢、財富、健康和幸福。本章的最後，我還會再提供一個練習讓你開始嘗試為自己鑄造未來。

我常對學生說：「就靠這套方法了。」不管你想要開創什麼未來，只要運用這套方法，一切都有可能。

未來學家要說話算話

我教未來學家已經超過十年了。我可以很驕傲地說自己桃李滿天下，我的學生已經在全世界最大的企業、政府和非營利組織裡擔任未來學家了。

過去這八年來，我都會要求學生在開課前就讀完丹．賈德納（Dan Gardner）所寫的《未來叨念：為什麼刺蝟與狐狸型權威人士知道最多》（*Future Babble*）。丹是一位顧問，也是《紐約時報》的暢銷書作家，他的著作主題是心理學與決策，同時他還是渥太華大學公共與國際關係研究所的資深研究員。

在《未來叨念》這本書裡，丹把調查記者的勤奮不懈用在查核未來學家與未來學，費心詳列出未來學家這幾年來的預測有多離譜。我在研究這本書的時候決定聯繫丹，看看他怎麼為第一次嘗試鑄造未來的人解釋這件事。

「我在二〇〇九年寫《未來叨念》的時候，大家都很在意油價。」丹那天清早在電話中用範例來說明：「每個人都想知道油價是不是到頂了。油價還會更高嗎？」

「我記得很清楚。」我對他說。

「從那時候開始，油價的走勢根本沒有人能預測出來。」丹輕笑著：「如果你在二〇〇九年的時候就能預測我們今天的一切，大家都會覺得你瘋了。這就能證實，連所謂的專家都會不斷出錯。就算想要眼界開闊，我們的思維還是太狹隘了。」

「如果是一般人，他們想要試著想像或打造自己的未來，你會給他們什麼建議呢？」我直接切入重點。

「平衡。」丹開始解釋：「大家必須在兩種欲望或想法之間取得平衡。第一種是人與生俱來就想要確定感。我們想要明確知道未來會發生什麼事，所以去請教專家，覺得他們可以告訴我們以後要期待什麼。」

「這就是為什麼大家會接受預言。其實不應該如此。」我補充說。

「沒錯！」丹說：「我們需要平衡的第二種想法，就是未來不確定，任何事都會發生。這兩種想法都不是百分之百正確。難就難在怎麼平衡。」

「你會給想要達成平衡的人什麼建議？」我問。

「謙卑。」丹很堅定地回答：「買賣確定感很有問題，但是謙卑的人比較有機會成功。如果你問他們五年後會發生什麼事，他們會先說自己也沒有把握，可是接下來就會提到他們的思緒，還有會怎麼努力來回答這個問題。」

「我也是這樣告訴我的學生，」我說：「重點不在猜對，而是在弄對。」

「我們朝未來前進的過程中，不能心存畏懼，也不要一直低著頭。」丹總結這場對話說：「我們不能因為害怕未知，就一直盯著雙腳。大家必須要抬起頭，打起精神著眼未來，心中也有計畫，知道要如何為即將到來的事深謀遠慮。」

深入檢視鑄造未來的方法

第一步：未來的你——描述自己的未來

所有人類建造出來的偉大事物都始於想像。鑄造未來的第一步就是先問自己這個基礎的問題：**我想要什麼未來？**我知道這聽起來太簡單，可是對我的客戶來說，這是最難跨越的檻。他們真的不知道自己想要什麼未來。他們不知道，是因為一開始就從來沒允許自己去思索這個問題；至於理由，我們在第一章也解釋過：他們以為未來已經被寫死了、他們以為未來是必然的、他們太害怕了，根本想都不敢想。

就算大家覺得自己似乎有權可以想像未來，但他們也沒有舞台可以把想像化為現實。鑄造未來提供了權利和舞台。

所以，第一步……你想要什麼未來？當你思考這個問題時，盡量詳細、具體很重要。提姆是我的合作客戶，他到了四十歲，發現自己身體很糟糕。他的生活有很多面向都很好——婚姻美滿、小孩乖巧、工作穩定，可是他的健康狀況一直走下坡，拖垮了他的幸福。

「你想要什麼未來？」我在第一次見面的時候就問他。

「我想要身體好，」提姆說：「我想要過更健康的生活。」

「好，那是什麼樣子？」我問。

「我不確定。」他說。

我說他必須想清楚，我又問了很多引導型的問題。我不是教練，也不是營養專家，我只是要提姆用非常具體的字眼思考他未來的健康狀況，我不必是這兩種專家。下一次見面時，他提出了自己的計畫。

「好，老布，來吧，我現在一百零二公斤，我想瘦到八十五公斤，那是我大學打長曲棍球時的體重。我現在膽固醇指數是二五六，我的目標是一九五。三酸甘油脂指數是二一七，我要降到一五〇以下。我人站在這裡，就連爬樓梯都會喘。我的目標是要在三個月之內能以二十五分鐘跑完五千公尺。」

提姆的行動方案還要更多細節，但我想你已經明白了。要展開你的未來，你必須夠明確具體。如我在第一章提醒過，寫下細節很重要，最好用紙筆，或至少要打字出來。書寫出具體行動能幫助你思考，而且看到目標清楚寫出來，也是實踐中很重大的一步。

如果你卡住了，或發現自己對著白紙發呆，可以換個方向來面對問題，你可以自問想要在未來避開什麼。我用這個戰術協助過許多企業和公司，他們的領導人經常在擔心網路攻擊或貨幣忽然貶值這些外在龐大的力量會產生負面的結果。他們不希望自己的企業被這些龐大的力量衝擊。我稱這種方式為「預測威脅」，這是鑄造未來的分支，也可以輕易地應用在我們的人生裡。

或許你想要避免未來自己的錢不夠，無法維持現在的生活水準。又或許你擔心婚姻會瓦解。（很多人有這個煩惱，對吧？如果做更多一點的前瞻性思考，其實很多問題都可以避免。）只要想想你要避免什麼，就可以倒推出你要的未來。不管選擇哪一種方法，重點在於愈具體愈好。記得，你在為自己描述新的未來，要寫下新的故事，好故事一定有很多細節。

關於這個說故事的部分，最後再提醒一下：未來威力強大。我很認真看待自己的工作。這幾十年來，我已經幫自己爭取到許多搖滾區的票，讓我能搶先觀察未來了。我看過很多人（從大組織到市井小民），改變自己的未來。我見證過，每次都讓人更謙卑。每個人都可以改變自己的未來。你也可以扭轉自己的未來。

這種念頭會給人力量，並改變你的人生。我們都知道人做的夢很神奇。夢境可以啟發我們；換成是噩夢的話，則會引發內心的恐懼。夢境會進到我們心裡，觸碰到一般故事碰不到的深處。

所以我想挑戰你：勇敢地做個不同的夢——你發自內心真正想要的未來。因為這會實現。如果你做了一個大膽新穎的夢，而且真心相信……你就會改變自己的未來。

第二步：未來助力——推動你朝自己的未來前進

未來不會憑空而降。我會在這本書裡不斷強調這一點，直到你忘不掉為止。未來是由許多股力量構成的，而這些力量會讓你朝正面或負面的方向推進。你寫出新的故事，描述自己想要的未來之後，就必須找出那些能讓你抵達未來的助力。

如我之前提過，這些助力分為三類：人員、工具、專家。花點時間來探討，並且把這三種助力找出來很重要。我不會美化這個過程。在鑄造未來的旅程中，這個階段很費工夫，勞心勞力又花時間。我和大客戶一起合作的時候，像是財星五百大的企業或是軍方單位，我通常會給他們三到六個月的時間來找出「未來助力」。

你或許不必到這麼極端，但這不是那種一個週末就能完成的作業。你需要好好研究，還要深入靜心思考。而且，這和你過去的思考都不一樣，所以大腦需要花點時間才能建立不同的神經連結，就像肌肉需要時間才能適應新的健身訓練一樣。每個人都不一樣，但我通常建議客戶給自己至少兩週的時間找出未來助力。此外，請記得這可以一直改。你朝著想要的未來前進時，仍得經常回頭檢視計畫。

另外，你也要知道這個步驟會讓人不安。任何有意義的事情，尤其是和未來相關的，應該都會讓人覺得有點不太舒服。有這種虛脫感、肚子重重的感覺，或甚至會冒出冷汗，這全都代表你正在做對的事。

真正的改變感覺起來就是這樣。我會對客戶說這當然很難，而且讓人不舒服。這就是為什麼我們說它是現實生活裡的苦功。這就是為什麼它很重要，而且會產生結果。如果輕鬆不費力，這個活動就叫看電視了。

好，我們開始吧！

人：打造你的團隊

人是所有人生命中最重要的力量。人可以打造未來，但沒辦法一個人就辦到。當你要朝預見的未來前進時，需要擬定行動方案，這時候就需要群體的支持。你需要你的人。你需要自己的團隊。

隊友就是你生命中能倚靠、可以支持你走過這段旅程的人。先列出你完全信任的人，想想哪些人最在乎你的未來。或許很多人會馬上想到家人和朋友，不過同事或許也很不錯。這項練習沒有標準答案或神奇數字，但我建議你的團隊要多於五個人，至少我們先從這個規模開始。

你建立好圈子之後，就要一一去見他們，和他們分享你的故事。要正式地約他們星期二下午一點一起吃午餐、星期四上班前一起喝咖啡，或是週末打球之後一起喝啤酒。我不希望你是在會議空檔邊走邊討論自己的故事。未來很珍貴，值得謹慎處理。

你可以先寫下自己的故事，或是當面說。不管用哪種方式，你可能都會覺得自己很脆弱、無處遮掩。這樣很好！坦誠與脆弱是和別人建立信任最快的方法。

你分享自己的故事有兩種作用。第一，這會讓你願意承擔。分享自己的故事，你就會有真實感，也表示你是認真的。有些客戶在親密的朋友圈裡面分享故事之後，決定高調地昭告在社群媒體上。雖然我本人對於社群媒體發揮社會的影響力好惡參半，但是這種作法能產生真正的價值。

除了要承擔「說話算話」的力量，和團隊分享故事也可以協助你獲得他們的回饋意見。當你在列出隊友名單的時候，請記得這件事。你要找一些願意直白地說出內心話的人。有些人可能覺得你的計畫很美好，有些人則會試圖找出破綻。

關於未來的你，這個故事很有力量，因為這不只能讓你把未來帶到當下，還可以幫你辨識出身邊哪些人有毒。如果有些人不相信你的未來，而原因又不見得和你或你的計畫有關，你或許會漸漸發現你們的關係並不健康。

關鍵重點：坦誠，並且在過程中仔細聆聽。任何回饋意見，不管是好是壞，都有助於精煉你的未來畫面。和隊友的每一段對話都會替你打下堅固的基礎、拓展你的藍圖，最後讓你的未來更聚焦。你選擇和誰分享自己的未來，他們就是這一路上的盟友。記得，人生就是一場團隊運動。

那你要怎麼找到他們呢？要打造光明的未來就需要隊友，那要去哪裡找出這些人呢？這個問題沒有簡單的答案，在我多年進行鑄造未來的經驗裡，就發展出一些奏效的策略。

首先，**走到哪裡都要互惠**。這不表示你們要有來有往。記得，多數的人都喜歡幫忙別人，所以這不應該是用「交換條件」當作基礎。不過，可以隨時想想別人幫了我們之後，可以為他們做點什麼。他們或許當下沒有任何需要，但是可以很清楚地讓他們知道，如果想到任何需求，都可以跟你說，這樣你們的關係就會有很穩固的基礎了。

接下來，**盡量把人連結在一起**。你的團隊擴大了以後，就會有愈來愈多交織。養成習慣，時時想著你身邊的人如果互相認識的話，可以有什麼火花。你的網絡夠強，你才會強大，時常連結不同的人可以加強網絡的健全與活力。

下一項建議很直白：**避免有毒的關係**。很多人都辦不到，結果傷害未來甚鉅。雖然我通常會鼓勵包容與接納，但有些人就是沒辦法當你的隊友。最明顯的警告訊號就是毒性，而毒性有很多種類型。最常見的就是有些人不支持你的未來願景。或許是他們嫉妒你的企圖心，又可能他們沒有足夠的創新眼光，無法洞悉你想打造的未來所具備的潛力。不管他們心懷惡意的原因為何，都會威脅你的成功，所以不要讓他們加入你的團隊，或許最好不要讓他們走進你的人生。

另外一條規則也很重要：**保有眞我**。真誠是鑄造未來的過程中最重要的特質。你要先真誠地面對自己，允許自己做大夢，這樣才能真誠對待你遇見的人。特別害羞、保守的人常常一想到要交朋友、建立人脈就很緊張，我碰到這些人都會給出這項建議。如果你很內向，不要覺得自己一定得在社交場合裡假裝外向。大方地接納自己的害羞和謙遜。碰到對的人，就會喜歡你這一點。

最後一點也很重要：**一直認識不同的人**。鑄造未來不會一次就好。我真心覺得這是一種生活方式，所以隨時張大眼睛尋找適合的隊友很值得。我經常在會議或餐會中發現別人讓我讚賞的觀點或觀察。我一定會交換聯絡資訊，幾天內就再傳個簡訊聯繫一下。這樣一來，這個人就從巧遇、剛認識的新朋友變成了我的隊友，未來我要是需要他們的專業，也能輕鬆找到他們。

你其實已經開始做這件事了。第2章的快問快答練習就是很好的開始，讓你找出自己的隊友，讓腦子愈來愈能自在地思考未來。可以和支持你、心胸又開闊的人討論未來，至關重要。可以和他們聊你的未來，也可以聽他們談論自己的未來。這種意見交流的過程，很不可思議。你們會用很正面的方式互相影響彼此的未來。如果你和這個人對話之後沒有覺得電力飽滿、得到充分的支持，那你可以退一步，重新想想要不要讓他加入團隊。

快速回顧：尷尬對話的力量

你如果和別人對話完之後覺得不太舒服，可以問自己以下三個問題：

- 為什麼這段對話讓你不舒服？
- 對方很負面、一直潑冷水嗎？他們是不是反對你最核心的想法？還是他們反對你這個人？你沒料到他們會反對嗎？
- 他們會挑戰你嗎？我學到任何東西嗎？

你和隊友的對話一定要有建設性，這些對話有時候勢必會具挑戰性或讓人不舒服。潑你冷水和挑戰你，是不一樣的。一個人潑你冷水的時候，是不認可你的價值和本性，這樣很糟糕。避開這種人。但如果是帶著正面善意來挑戰你的人，他們或許是在推動你用不同的方式看世界，這是一份禮物。

人都不喜歡不舒服的感覺，你或許在進行第2章的練習時就有這種體會。設法在感受不安的時候也能自在。你未必要和對方意見相合，但如果你真的很想要從對話中獲得最大益處，好奇心就很重要。首先，大聲地說出來，讓他們知道剛剛說的話讓你覺得不舒服，並且解釋你不舒服的原因。接下來，讓對方知道你很在乎他們說的話，請他們換句話說，或是換個方式解釋。

我們就是要透過這類的對話來改變、成長、學習。不舒服的對話可以形塑你對未來的展望，甚至讓這個畫面更踏實、更可行。你要確定自己找對人加入團隊，你可以和這些人進行不舒服的對話，這樣你想要的未來就能成真。

你的團隊一旦到位之後，就可以想想要怎麼和他們互動最好。有些人很願意侃侃而談，也有些人可能不知道怎麼回應。我經常碰到這種狀況，就算是付我很多錢請我擔任顧問的公司和大企業也一樣。有些人帶著防備心來回應，有人表現得很緊張，還有人是直接蔑視這一切。我向來不放在心上，你也不必上心（儘管你會跟這些人相處）。如果你真的重視一個人的意見，又覺得他們好像說不出來，那可以列出問題。你可以問他們：「你覺得我描述的未來聽起來合理嗎？」或是「我告訴你的細節夠詳細嗎？」還有我最喜歡的問題：「如果你是我，你覺得第一步要怎麼做才能實現這個未來？」讓你的隊友想像他們扮演你的角色，這樣有助於他們的參與，也能讓他們在回答的時候壓力小一點。在對話結束前可以直接問：「你覺得這有用嗎？」這樣一來，你就是在給對方機會說出可能會讓他們打退堂鼓的質疑。

工具：蒐集資源推動你往前進

組成團隊，獲得他們的回饋意見很重要，這樣才能打造未來。可是除了人之外，我們還需要其他助力，所以要來介紹工具。這些不是人，而是物質資源，它們是幫你開創新未來，並且讓未來持續開展的助力。

工具分成很多類別，因為每個人的未來都不一樣，所以根據要打造的未來，需要的助力也會不一樣。工具有很多形式，經常以數位產品和服務的形式出現在網路上，專門針對實現目標所設計，可以幫你找到新工作、為你傳遞愛意或是讓你的財務狀況恢復秩序。其他工具可能是組織，例如某個產業裡的商會，協助你建立人脈。若是想要改變社交生活的人，他們需要的工具可能是社群聚落或是大型宗教會所。

開始尋找適合的工具時，你不必擔心清單太長或太瑣碎。你在鑄造未來的過程中會持續優化、界定這些工具。舉例來說，假設你想換工作。或許你為自己創造的未來故事裡，包括要從金融界轉換到教育界。你已經從親朋好友那裡得到有建設性的意見了，現在你需要更具體的方向。你的工具清單可能包括一兩本關於教育現況的書、你所在地區的教育者交流社團，以及財務軟體，幫助你接下來就算收入稍減也能安然度過。

我要補充一點，這個階段應該要花至少兩週的時間，進展也未必是一路平順。在此過程中，隨著個人成長、未來逐漸成形，你的工具或許會產生變化。通常大家會從一項資源轉向另一項資源，就好像帆船在行進間往前往後。但在航行過程中，儘管有側向移動，但船始終往前進，只要你運用有助力的工具，就可以朝正確的方向推進。

事實上，適應資源之間的轉移，是推動未來進展的一部分力量。抱持人生中有意義的過程都不是隨心所願就能順利發展的想法。旅程是變化莫測的。我們從此處到彼方，身邊的人會換，資源也會改變。途中每一步都會教我們一些關於這個過程的新道理，讓我們認識這個過程，並看到必須採取的下一步。

儘管依據你想開創的未來，需要的工具都不一樣，但是有些通用的最佳方法可以運用來整合這些工具。對剛起步的人來說，為任務擬出特定工具很重要。如果你的目標是要砌一面磚牆，就需要水泥刀。如果你要打造一張梳背椅，就需要加工的車床。鑄造未來也一樣。想找工作的人，可以選擇各種網站或線上工具，比如領英之類的求職社群平台。想找愛情的人也有 Tinder、Bumble 等交友軟體可以選。打算找理想的住處則可以使用線上房屋網。如果你不想上網搜尋，也可以去附近的圖書館找到很多有用的書籍和文章。

想想什麼適合自己也很重要。策略工具和資源囊括的範圍各式各樣，有數據為主的、有分析型的，也有以情緒為基礎的。沒有萬用的工具。想想你喜歡的工作型態，過去你曾經成功運用過哪些目標導向的策略。有些人擅長運用數據和分析，那就很適合用軟體型工具。有些人擅長描述感受和情緒，可能就適合日誌型工具。認識你自己、認識你的工具、認識你的未來。

我在談到資源的時候，往往會著重於科技，但請大家記得在尋求未來助力這個階段裡，人還是很有價值。通常主動問人是得到推薦的最佳來源，你會因此知道要去查哪個網站或接洽哪個組織。鑄造未來往往會帶點像辦案一樣的工作。如果你在尋找工具的時候碰到死胡同，不要猶豫，拿起電話或發一封電子郵件去問問別人的意見吧。

最後，請記得施與受的原則。我在談建立團隊的時候就提過互惠的重要性，對工具來說也一樣。如果你發現一個或許有助於你鑄造未來的組織，研究一下自己可以支持他們的方式，最好是在和他們聯繫前就想清楚。舉例來說，如果你想要加入一個能拓展人脈的組織，先查一下他們接下來的活動需不需要義工，然後在第一次見面或通話的時候就提出你能提供的服務。負責的人會很欣賞你，也會更快替你敞開大門。

專家：找出已有經驗的人

在尋求未來的助力這個階段，你的未來故事要精準聚焦，也應該開始擬行動計畫了。你要探索的最後一股助力就是專家。這些人可以給你明確的方向和所需要的資訊，讓你實踐自己的未來。

這幾年來，「專業」的概念、連帶一些以科學與事實為依據的資訊，或多或少受到抨擊。對於這個帶政治意味的爭論，我不予置評，但我想讓大家知道，專業對於鑄造未來超級重要，因為這需要深厚的經驗。一九九九年出版的一本傑出著作《學習原理：心智、經驗與學校》（*How People Learn: Brain, Mind, Experience, and School*），我到現在都還會鼓勵學生閱讀這本書。在我最喜歡的段落裡，作者提到：「專家會注意到資訊的特色與有意義的模式，通常新手看不到。」在鑄造未來時，看出模式相當寶貴，這就是為什麼專家是這整個過程中最強大的一股助力。

先找出有類似經歷的人。回到我那個四十多歲、身材走樣的客戶提姆的例子：他的第一項行動就是去找曾經在中年才恢復身材的人。四處打聽之後，他聯繫上了大學時期的隊友，這個人也碰到類似的健康問題，但最後得到很正向的結果。幾段對談之後，提姆就能夠詳列出他需要的專家清單，來實行自己的任務：他需要一位個人教練打造健身計畫、一位營養師規畫飲食，以及一位瑜伽與冥想教練提供身心靈平衡的指導等等。每個人的未來都不一樣。你的未來不像提姆的未來，也不像其他任何人的未來。原因很簡單：你的人生就是你自己的。同樣地，你的專家清單也獨一無二。

一旦有了你的專家清單之後，下一步就是爭取他們的協助，從他們身上盡量學習。這個階段的學習就像海綿一樣，收穫甚至超越了你和隊友相處的時候，你需要盡力吸收所有細節。如果有專家的未來是你想要效法的，盡可能去知道他們是怎麼辦到的。就算他們的未來和你的志向不完全相符，但他們的人脈、經歷、洞見還是能幫上你。

這個過程和鑄造未來的大多數面向一樣，會讓人不舒服，尤其如果你的專家清單上有陌生人，肯定會很不自在。如我之前說過的，這項工作不容易，這是刻意推動你跳脫舒適圈。我們不是在看電視，是在實現你的未來。

開始和專家對話的過程中，你會發現一件令人驚奇的事：大家都喜歡幫助別人。專家喜歡分享他們畢生工作得到的知識。重要的是，你要尊重他們的時間，在會面前就要做足準備。只要你準備充分，我相信你會很驚訝給予者的為人。成功的人都知道能把熱情、志趣相投的人連結在一起，助人成功，對參與其中的所有人都有好處。這些專家可以是你的良師、合作夥伴，有時候甚至是你的新朋友。

所以，你要去哪裡找到專家呢？嗯，他們也是人，所以許多打造團隊的準則在這裡也適用，包括廣結善緣、互助互惠。不過，最常見的情況裡，你想接觸的專家會是陌生人，他們還常常是有權勢的人。這表示你在接觸他們的時候要謹慎一點。

人生中，在任何新的會面之前都應該妥善準備，不過當你看重對方的專業，又希望從中受益時，就絕對必須充分準備。關於他們的背景，你要很清楚重要的細節（他們的成長地、就讀的學校、擔任現職的時間），這樣剛開始會談的時候才會輕鬆，你的專家才能看得出你是真的對他們感興趣。此外，有件事我們都心知肚明：每個人都喜歡聽好話，尤其是有權力的人。

你的準備工作就包括列出問題。以人人愛聽好話的角度出發，你可以放膽地問起他們的人生和經歷：「你選擇了哪一條道路，讓你走到今天的位置？」「能達到目標，你採取哪些最重要的步驟？」「這一路上誰是幫忙你、對你最重要的人？」一定要善用他們的人脈和經驗，問問他們認為你還應該接洽其他哪些專家。

仔細聽也很重要。這好像用不著我提醒，可是人在緊張的時候到最後往往會變成自己拚命講，明明在專家面前就是要閉嘴聆聽才是明智之舉。你在準備的過程中，可以精簡總結你為什麼想見他們、希望學到什麼，然後讓專家有充足的時間談論。事先準備一些追加的問題，以防他們願意透露的資訊不如你的期待。不是所有的專家都很外向，所以你可能要努力一點才能獲得資訊。

會面時，盡量放輕鬆，保持信心。沒錯，你應該要尊重專家的時間，聽取他們的知識和專業，但這不表示你必須貶低自己的抱負。我說過，你在描述自己的未來故事時，很關鍵的就是要放大膽。你在和專家見面的時候也要有同樣的信心。只要出於真誠，我相信沒有人會小看你的抱負。萬一對方基於某些原因有這種舉動，你也會馬上知道這個專家不適合你。

第三步：開始逆向鑄造

現在你對未來已經有清楚的畫面，也知道哪些助力可以推動自己往願景前進，這時就要想清楚你必須採取哪些明確的步驟才能到達那個未來。現在就是逆向鑄造的時候了。

我和客戶合作的時候向來很喜歡這一刻。經過了數週的研究、訪談和緊湊問答，最後模擬了好的與不好的未來，就到了考慮實質性問題的時候了，要運用我們學到的一切開創具體的行動方案。應用型未來學家就是在做這些事情。

對一般人來說，這個過程好像很嚇人，我們很容易覺得今日的現況和你為自己想像的未來相隔很遠。相信我，其實兩者的距離比你想的還小。

逆向鑄造就是縮短距離的祕密，你要找出實現目標前必須採取的明確步驟。同樣地，細節很重要；有了細節，你的未來才能從抽象概念變成可行的行動。當你注意細節，相隔距離就不會感覺這麼遙遠了。

開始之前，我想要把你的行動分為三階段：

- 中途點
- 前哨站
- 下星期一

我好幾年前用左頁的概要圖，幫助客戶看清楚這個流程，它包含計畫的逆向鑄造，和前期的未來助力。現在我會把這張示意圖送給所有合作的對象，包括你。希望這能說服你相信，改變未來好像很艱鉅費力，但其實很容易，也很精簡。

有了這張示意圖，我們就能更仔細地來看看逆向鑄造要怎麼做。

決定中途點

首先，我希望你問自己，在現在的你和最終你想成為的自己中間，必須發生什麼事，才能讓你抵達中途點。我們拿轉職的例子來說吧，因為這是我最常碰到的情況。在這個情境裡，完整實踐的未來可能是你游刃有餘地做著新工作。我們假設這個過程從頭到尾要花十八個月。中途點是什麼樣子？九個月之後，也許你準備好要遞辭呈給現在的雇主了。又或許你準備好要註冊新課程，讓你有轉職的機會。

畢竟中途就是中途，如果有些細節還不太確定也沒關係。未來還有點遠。目標是要盡量具體，讓你知道在這段旅程中可以回頭看自己的行動計畫，根據學到的一切補充更多細節。

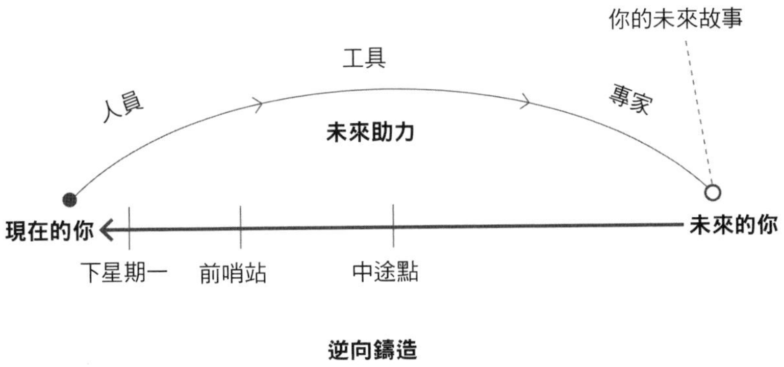

下一步：前哨站

若你曉得未來之旅過了一半之後的樣貌，接下來我們要想想達到四分之一的時候會有什麼風景。這個目標應該比較容易看見。對於要轉職的人來說，可能是確定你要上哪三堂課並提出申請，這樣你就有資格到新的領域去任職。

找出前哨站會讓人很興奮，因為這通常是你要往不同方向前進時，第一個明確的步驟。這時候你會把自己不想要的現況拋在腦後，開始朝想要的未來前進。

最後……下星期一

接下來我們就要想想下星期一，或是你當下可以馬上採取的行動。這是整個過程中最簡單的部分，因為這時候我們列出來的通常不是重責大任。

或許是開一個獨立的銀行帳戶，把你要上課的學費存進去，或是存下轉職待業沒有固定收入時要用的生活費。你也可以回頭參照「未來助力」的階段（第76頁），舉例來說，下星期一開始修潤你的未來故事，或是調整隊友名單，這樣你就知道一旦達成後要和誰分享。

不管下星期一要做什麼，這裡最重要的事就是開始採取具體、清楚的行動。跨出第一步之後，你就會發現自己想像的未來更近了，更有機會達到了，沒有你想的這麼難。

鑄造未來的祕訣：過程才是重點

鑄造未來協助大家看見他們想要的未來，也找出推動自己前進的助力，以及釐清達到目標要採取的具體步驟。總而言之，這是一個過程。但它是一個你沒辦法趕進度的過程。我往往會對客戶說，如果他們在一天之內就能想像、設計並打造未來，他們一定全做錯了。未來需要花功夫。

你在進展的過程中，會不斷回顧已經實現的部分。你會反覆閱讀自己的未來故事，確保它仍然正確，沒有偏離。或許你學到的事需要調整、改進或加入更多細節。你的生命或許有了變化，或是吸納新的觀念，激發你去調整自己的故事。這都沒關係。未來的你一直在變動。你變了，未來就會變。這個過程會讓每個人持續探索自己想要的未來，不會被鎖死在某一個特定的未來情境裡。真理很簡單：未來就是你採取的行動、下的功夫、經歷的旅程，讓你一次又一次到達想去的目標。

既然你已經知道這個過程了，我想讓你認識蘇珊。我和她合作過，當時她很想要改變，可是不確定自己要什麼。就和很多人一樣，蘇珊只知道不想要繼續做當時她在做的事情了。她無法接受現況，可是未來還不明朗。我們一起運用鑄造未來的方法來釐清她的志願——要怎麼出發、怎麼抵達。

在我們說下去之前，我要迅速補充一點：儘管我不是醫師，但我會保護客戶資料就像醫師、治療師保護病患資料一樣。為了尊重他們的隱私與對我的信任，書中提到的人都換了名字和外表特徵。不過，所有的案例都是真人真事，包括來自芝加哥的蘇珊。

你長大以後要成為什麼樣的人

冷風劃過芝加哥街頭，那天我匆忙地要趕赴上午的會議。那是寒流的第一天，我穿得不夠暖──如果人家付錢要你展望未來，這實在不怎麼光彩。如果不把密西根湖吹來刺骨寒風算進去，其實那天還算是這個風城裡一個晴朗明媚的好日子。

我走進咖啡館，街道上的車水馬龍就被裡面溫暖放鬆的氣氛替代了。星期三上午十點半，咖啡店裡有各種你能想到的人，有學生戴著大耳機在敲電腦。有觀光客圍聚一桌，沉浸在復古的波西米亞氛圍裡，計畫著這一天要參觀哪些景點。還有幾個專業人士輕聲地講電話，或是用手機回覆電子郵件。

我來芝加哥見客戶，蘇珊約四十幾歲，在大型科技公司擔任高階行銷主管。

我們幾年前在一場會議中認識的，合作了幾件案子，但多半靠社群網站保持聯繫。最後一次直接聯繫已經是六個月前了，所以當她約我喝咖啡的時候，我不確定要期待什麼。

我在咖啡廳裡沒見著蘇珊，所以我拿了一杯黑咖啡之後就在唯一一張空桌子坐下來。幾分鐘之後，蘇珊從門口衝進來，直接走向我，放下包包，擁抱了我一下，就去點了一杯綠茶。

蘇珊衝勁十足的外表可能會給人摸不著頭緒的印象，但我知道實情。她是成功的高階主管，在公司和整個業界都備受重視，事實上，全世界都很尊敬她。不過，我看得出來好像少了什麼。

當她回到我面前時，我微笑著問她：「我可以幫什麼忙？」

「我從小就不知道長大以後要做什麼。」蘇珊尷尬地淺笑了一下：「真的，老布，我一直想，可是真的不知道長大以後要做什麼。」她深深地嘆了一口氣，用木質攪拌棒在綠茶裡繞圈圈。

我其他客戶也有過同樣的經歷。這時都是他們第一次試圖去想像未來，結果只能看得到一片空無，讓他們嚇死了。對我來說，這有點刺激。這表示緊張的要來了。

「我知道我不想一直做現在這份工作。」蘇珊跳回當下：「別誤會，我很喜歡這份工作和同事，但我從來沒想過到了四十六歲還在做……」

「這很正常。」我說：「那我可以幫什麼忙？」

「你覺得我該做什麼？」

職場建議。我和別人對話時最常見的主題。他們想知道自己的人生應該怎麼過。

或他們的孩子應該怎麼過自己的人生。或者，以蘇珊的例子來說，她要怎麼在職涯中場切換到一直渴望的工作，而不是順著別人的指示一直做下去。

這些問題都很棘手，因為問題的核心無關工作或職涯規畫。這些問題只是引導到多數人最難回答的問題：什麼會讓你快樂？

幸福快樂很難。事實上，幸福快樂太難捉摸了，也讓許多大學課程和研究專案以幸福快樂為主題。許多年前，我去請教這個領域的權威專家，想知道怎麼幫助蘇珊這樣的人理解怎樣才會快樂。

史考特・柯盧傑（Scott Cloutier）是亞利桑那州立大學茱麗安瑞格里全球永續發展研究所（Julie Ann Wrigley Global Institute of Sustainability）的助理教授，他正規畫一堂新的永續發展課程，要讓幸福的機會盡量變多。我和他約在亞利桑那州坦佩市，就在冬日也很舒服的沙漠裡，我向他請教幸福快樂的道理。

「幸福快樂是一個光譜，」他往椅背一靠：「一端是悲傷，一端是極樂。幸福快樂就是在這光譜上找到平衡。」

「所以當大家在思考人生要怎麼過……」我話沒說完，決定換個更具體的方式：「當他們想要看到自己在未來職場的模樣時，應該要怎麼思考？要怎麼幫助他們找到這個完美的平衡？」

「要考慮到兩件事，」史考特說伸出兩根指頭：「愉悅和目標。你必須理解兩者的差異。愉悅很簡單，現在我們去街上，想要過得爽，方法很多：食物、性、酒精、毒品，你可以列出很多。我們的世界充滿了愉悅。問題是，那只是瞬間，而且很空虛。這不會讓你幸福快樂。」

「如果愉悅不是重點，」我說：「那我可以說目標才是關鍵嗎？」

「可以這麼說，」史考特回答我：「目標就是讓你往前進的力量。目標讓你的生活有意義，讓你能預先看到自己會變成什麼樣的人，這樣你就可以記得這個畫面，陪你經歷人生的起起伏伏。」

我想著我這幾年見過很多人，他們表面上看似擁有了一切——美滿的家庭、大房子、存款，但就缺了心滿意足的感受。我在腦海中掃過這些人，發現他們確實都苦於沒有目標。

「所以如果大家能找出目標，他們前往幸福快樂的道路就會更清楚？」我問。

「是的。」史考特笑答：「日子過得很爽沒有錯，可是長期下來並不會讓你覺得幸福快樂。」

我想起了這段對話，於是利用幾個問題讓蘇珊開始思考她的目標。我需要她去想像一個能讓自己幸福快樂的未來，以及接下來這幾十年，她想要把時間花在哪裡。

我們討論好一陣子，切換了很多主題，但要找到明確方向，蘇珊顯然很吃力，所以我最後問了一個我認為她可以回答的問題：「妳想要變有錢嗎？」

「這是什麼問題？」她說，這個問題顯然出乎她意料之外：「我是說，誰不想要變有錢？不是每個人都想要有錢嗎？」

「當然，每個人都想要有錢，」我說：「可是很少人知道自己究竟想要變成哪一種有錢人。」

「這是什麼意思？」她往旁邊瞥了一眼。

「我們用這個方法試試看。」我啜了一口咖啡：「妳想要當遊艇階級的富豪嗎？」

「遊艇階級的富豪？我聽不懂你在講什麼。」

「妳想要有錢到可以擁有私人遊艇嗎？這個問題很簡單。」

蘇珊想了一下，然後搖搖頭說：「不，我不要遊艇，我連遊艇要停在哪裡都不曉得。」

「好，那很好，這是個開始，那妳想要變成豪宅階級的富豪嗎？」

「你是說，你問我想不想要擁有豪宅嗎？」她問。

「沒錯，妳想不想要有錢到可以坐擁附有游泳池、網球場、五個停車位的豪宅，還有一整個團隊的幫手來打點這麼大的房子？妳想要當豪宅階級富豪嗎？」

「老實說，聽起來不錯，可是我先生派翠克可能會抓狂。」

我在這裡暫停一下，說明界定未來會需要她非常注意細節。

為了說明這一點，我提到自己如何幫助全球供應鏈商規畫數位未來。商會領袖知道自駕車、大數據和人工智慧等科技，會以翻天覆地的形式瓦解傳統供應鏈。可是面對這些動搖基礎的變化，他們不知道必須立即採取哪些具體步驟才能做足準備。經過展望各種可能性之後，我協助他們找出新的工作職責，訓練現有的員工，減輕未來裁員的影響，提高透明度與產業永續性。

「妳在替自己想像未來的生活方式時，同樣要這麼注意細節。」我對蘇珊說：「光是說出妳想要變有錢還不夠，妳必須知道自己想當哪一種有錢人。是擁有豪宅的人，還是付清房貸、存夠孩子的教育基金、也有足夠的儲蓄可以退休？」

蘇珊和我繼續談了一陣子，更詳細地討論她的未來。她不想再當行銷總監了。她不想要替大企業工作了。不過，想清楚知道自己究竟想做什麼，也就是說，釐清她的人生目標，其實更難捉摸，這不是喝杯茶就能解決的問題。不過，重點是，她已經啟動鑄造未來的程序了。萬事起頭難。

「妳說呢？」我問：「我們下次繼續？」

「好，」她說：「別忘了帶你的水晶球。」經過了一整個上午，她的眉頭終於舒展開來，眼中甚至有一絲笑意。未來還不明朗，但我可以感覺得出來她鬆了一口氣，因為她已經開始聚焦了。

這天上午和蘇珊的對話有點曲折，但我的用意很明確：我要讓她先展開鑄造未來的第一步，也是很關鍵的那一步，讓她開創未來的故事。蘇珊不知道自己要什麼，可是知道自己想要改變。我拋出的問題都是要逼她更仔細地思考未來。**談到要打造未來時，「不要做我現在做的事」是不夠明確的**。有時候這有助於探討你想要的改變會帶來什麼影響。這就是為什麼我會問蘇珊想不想要變成「遊艇階級的富豪」。我很喜歡問人這個問題，因為會使他們措手不及，這時候他們更容易具體界定，然後真正質問自己到底想要什麼樣的未來。

六個月後

我回到芝加哥。春日氣息正濃，空氣微濕。去小鎮時，我刻意騰出一點時間去關心蘇珊的進度。她透過訊息、電子郵件和我保持聯繫，但我還是想要見她本人了解完整的報告。

這次我們約在郊區的小披薩店，下午兩點半，餐廳裡很安靜。午餐人潮已經退去，下班後要小酌的人又還沒上門。

「好，」我說：「進展得怎麼樣？」

「我辭掉工作了。」蘇珊散發著幸福的光芒。

「唔？」我說。她沒在最近訊息裡提到這件事。

「對呀，兩天前辭職的。沒公開，但我覺得你應該知道，因為這都和你有關。」

「別牽拖給我啊。」我抗議說。

「這真的和你有關啦。」她身子往前傾：「我聽了你的建議，和我先生坐下來，討論我們想要的各種未來。很好笑喔，其實沒有那麼難，我們以前竟然沒有討論過，這才可笑。」

根據她工作的狀況和整個產業的方向，蘇珊覺得可以做出重大轉變了。

「我們一確定自己想要的未來之後，一切都變得很明顯。」她一邊吃著流淌濃郁乳酪的深盤披薩，一邊提供了很多細節。

去年冬天在我們喝完咖啡之後，蘇珊就全心投入鑄造未來的思考階段，想像著未來可能的樣貌。她的第一步就是要拓展社交圈。職涯走到中段的人很容易陷入窠臼，因為身邊長期以來都是同樣的專業人士。對蘇珊來說，她身邊很多行銷長，永遠只聚焦在公司損益表上的盈虧。

她開始安排和新創企業、非營利組織、非政府組織和其他組織的人喝咖啡或吃午餐，只要覺得是她可能有意願參與的機構都會試。光是「和別人談論她想要與避開的職業」這個簡單的舉動，就讓整個鑄造未來的體驗感覺起來更真實。這也讓她能調整、琢磨理想中的未來職涯。

「在這個過程中的某個時間點，可能就是在見了十幾個人以後吧，我感覺自己的整個人生故事都開始轉變了。」蘇珊說。

「妳改寫了劇本。」我和客戶合作時，這種時刻總是讓人很滿足。我常覺得這一定就是精神科醫師看到病患終於有突破的時候，心中浮現的感覺。

「沒錯！」蘇珊說：「你知道嗎，我在企業界的成功事蹟還是讓我很驕傲，可是我發現這對我來說沒太大的意義。」

「目標勝過愉悅感。」我回想著幸福學教授史考特的教誨。

「沒錯！」蘇珊也同意：「一開始，要我思考一個不同的未來很可怕，因為公司薪水讓我們坐擁一切。但我擁有了一切，卻沒有目標。我一改寫劇本，著重於人生目標之後，機會之門就大開了。」

幾週之內，蘇珊的未來愈來愈聚焦。她知道自己想要運用過去帶領大企業的經驗，協助其他人找到自己的成功之道。她也不想要自己創辦公司，但她確實想要幫助別人開創、發展成功事業。最重要的是，她想要幫助下一代的女性企業領袖找到自己在這個世界裡的路。

蘇珊明確地掌握自己的未來故事之後，她就準備好要和其他人一起研究這個想法了。這讓她穩健地展開第二步：確認未來助力，駕馭未來助力就可以實現未來。蘇珊從來沒當過管理顧問，所以她開始探索有哪些助力可以推動她成功。

她讀了很多書籍與文章，鑽研別人轉職的案例。她繼續運用現有的人脈和後來找到的專家來接洽這個領域裡她敬重的人。隨著她和愈多人分享未來的故事，得到的正面回饋就愈多，因此大受鼓舞。有些同事甚至當場就想聘用她當顧問，她的名聲實在太好了。但她知道自己還有更多功課要做，才能把想像的未來化為現實。

「這些會面和對談最終讓我找到一位導師，」蘇珊繼續說：「我們合作了好幾個月，擬出轉型計畫，這個人本身也有過類似的轉型經驗，所以有了她的指導和支持，我開始考慮和顧問公司合作，只提供服務給我所看重，以及願意提升職場平等的公司。」

「這確實很符合未來的工作型態和零工經濟的發展。」我說：「而且，這種工作妳在哪裡都可以進行。」

「沒錯！」蘇珊高聲說：「派翠克和我已經開始想我們要去探索哪些城市了。」

這項功課讓蘇珊走到了鑄造未來的第三步，也是最後一步——逆向鑄造。或者說，為了實現她想像的未來，要決定必備的具體階段：中途點、前哨站和下星期一。蘇珊解釋說，她的逆向鑄造計畫裡，要走到中途點就要在顧問圈建立可信度和專業，她要在網路平台發表文章，在社群媒體上活躍起來，並且在研討會和其他業界活動中演講。

要達成這個目標，她必須要建立觀點和累積個案，這樣才能宣傳自己。這就是她的前哨站。接下來，下星期一或她馬上可以啟動未來的行動。「我家裡有一堆研究在等著我，我需要整理一份研討會清單，等準備就緒就去爭取演講的機會。我的未來建設全在施工中。」蘇珊承認：「可是我已經遞出辭呈了，我準備好要動工了。」

「興奮嗎？」我問。

「當然！」她說：「也有點緊張。我很高興打一開始就讓派翠克參與。我不知道如果完全靠自己的話能不能讓未來成真。」

「我們都不行。」我說：「配偶、伴侶、朋友、同事、廣大的社群——都應該是決策過程的一部分。我總是告訴學生：『人生就是一場團隊運動。』這是很美好的事，因為如果單打獨鬥，人生會很慘，也很寂寞。」

「財務上，我們要做點犧牲，」午餐快吃完了，她說：「但這很值得。很多人說他們已經可以在我身上看到顯著的差異了。這是當然的啊，這就是我要的未來。」

快問快答2：該像未來學家一樣思考了！

現在你已經知道鑄造未來的過程了，我無法預測你的未來，可是透過本章列出來的策略，你擁有發現未來所需要的能力和工具，可以找出未來助力，採取明確的步驟朝未來前進。蘇珊的旅程讓她和丈夫走進了讓人不安卻興奮的未來，事實上，多數的未來就是不安與興奮交雜。

所以你要怎麼運用這套流程？你想要探索什麼樣的未來？這些就是我們接下來在這本書裡要處理的問題。【快問快答1】只是暖身。這項練習就像是去健身房的第一天、第一次慢跑。還沒有要做出任何承諾，你只是在試水溫。關於未來我還有很多事想要告訴你，所以我不希望你現在就進行完整的未來鑄造。可是你已經準備好要完成下列任務打好根基了。拿出你的日誌或數位裝置，這樣就能把抽象的想法轉化為可行的計畫。好，我們開始囉！

第一部分：未來的你

寫下你想要的未來（或你不想要的未來）

少來了，你早就知道我要問這個問題了，是吧？你該不會以為我是隨便講講的吧。不過，放輕鬆，我不是要你馬上就寫出完整的故事來描述自己的未來。這個練習的目的就是要把注意力集中在一個面向上。這可以是件小事，像是你想要開始冥想或是加入讀書會。但盡量在敘述的時候愈詳細、愈具體愈好。舉例來說，哪種冥想？或是，讀書會裡有多少人？

至於你不想要的未來，若要換個方式來思考，就問自己：「有哪些事情我很擅長，但不想再做了？」或許你現在有很擅長的事，可是未來不想再做了。

這個練習目的是要更熟悉這套方法。要有效鑄造未來，細節決定一切。逼自己去想像細節會讓未來更真實。在說未來故事或尋找未來助力的時候，具體細節也會帶給你更多素材。

第二部分：未來助力

為你想要的未來找出五種力量

在這個部分，我希望你列出你的隊友、工具和專家。你不需要一次寫完，也不必圍繞著這三種助力創造出完整的攻略，可是請你在每個類別裡面找出一或兩股助力。我用冥想的例子來當作起點，這樣你就知道要怎麼用更具體的問題來問自己。

問題

人員：

- **你身邊有沒有朋友或同事最近開始冥想，或做出類似的生活轉變，像是學詩或學吉他？**

工具：

- **附近有沒有你可以加入的冥想團體？**

●有沒有應用程式可以幫你？

專家：

●你身邊有沒有人已經把冥想練習融入到日常生活裡？

●他們是否寫過書或演講過？

和第一部分一樣，你在尋找未來助力時，也要盡量愈詳細愈好。逼自己要具體明確，寫下隊友或專家的名字。列出你或許可以運用的應用程式、團體或其他資源。這會逼著你去做點功課，但做功課的時候就已經推著自己朝未來前進了。

第三部分：逆向鑄造——寫出你在中途點、前哨站和下星期一要做什麼

最後的這個階段也要花點功夫。現在想想你要漸進採取哪些步驟才能達到你的未來。這些例句也是根據冥想團體的想法而來，但是請你寫出屬於自己的問題，盡量在日誌詳盡寫下每個時間點該採取的行動。

問題

- 到中途點的時候，你是不是已經開始上課，覺得可以自己冥想了？
- 到前哨站的時候，你是不是已經去上第一堂課了？
- 下星期一是不是要列出能幫你推展未來的人，並尋找可用的應用程式和課程？

這些範例很簡單易懂、直截了當，這就是重點。這個練習的目標就是要讓你熟悉鑄造未來的每一步，這樣你就可以應用到更大、更複雜的挑戰上，像是換工作、到不同的城市生活或找到真愛。我答應你，不管你要鑄造什麼未來，方法都一樣。我曾經和財星五百大企業一起鑄造未來，也曾經和酒吧裡坐在我旁邊看起來很苦悶的人一起進行。

請你在練習的時候享受樂趣，但也要認真看待。我們要進入比較沉重的未來主題，我相信你會看到鑄造未來的方法可以改變人生。

接下來：你可以掌控的事

說到沉重的主題，掌控權（或說無法掌控，可能更精確）是很多人的負擔，特別是在釐清未來的時候。在第4章會聚焦在我們特別無力的領域，像是金錢、房產、規畫。愈大的問題，我們愈無法掌控。或者我們一直以為是如此。身為一個經常在為衝突、疫情、經濟危機等全球大型、看似無法掌控的活動鑄造未來的人，我看過這套方法解決所有問題。

第4章

對未來，你擁有的掌控權沒有你想的那麼低

現在你已經知道要如何像未來學家一樣思考了，那麼接下來就應該要找到方法把這套策略廣泛應用在人生中。要做到這一點，我想要更深入探討鑄造未來的核心觀念——未來是由人打造出來的。在朝鑄造未來的前進過程中，張開雙臂擁抱這個基本真相，至關重要。

有人會害怕未知，對未來感覺無能為力，這讓他們甚至沒辦法去想怎麼改變未來，更別說要釐清自己必須採取哪些步驟才能抵達那個未來。他們死抱著錯誤的信念，認定未來已經被寫死了，其實這和真相差太遠了。

要擺脫這種打擊自我的心態，出路就在於：人。未來是人打造的。你的未來就是要自己去打造。力量是你的，而且只屬於你。你必須認清這個真相，並採取行動。

還不相信我嗎？我用自己的人生經驗當案例，讓你知道人類如何開始打造未來。

美國專利第七六七三二五四號，也就是賈伯斯和我擁有的共同目標

智慧手機改變了全世界。我相信沒人會質疑這一點。智慧手機將電腦強大的運算能力帶到我們手上，影響了我們做每件事的方式。它改變我們和摯愛的人聯繫的方式、從甲地到達乙地的模式，也簡化了我們約會、購物的流程，還讓我們更快就能知道全世界發生的大小事。

請你拿出自己的智慧手機，舉起這個現代科技的奇蹟，回想你第一次接觸它的感覺。就像是握著未來，對吧？我也有這種感覺——而我還是未來學家呢！

捧著手機時，你在想什麼？我問過好幾百人這個問題了。有些人說他們會想起他們要完成的工作。有些人很好奇他們最喜歡的社群媒體上有什麼新鮮事。有些人會很不好意思地說他們的螢幕很髒，而且裂得很慘。我問過很多人，他們看著手機的時候腦袋裡在想什麼，從來沒有人說：「我覺得需要好幾千人才能打造出這個裝置吧。」

我懂。我們每天都在用手機，誰會想到這個裝置背後的人呢？智慧手機的設計就

是鎖定在要看起來很俐落、酷炫，而且要簡單好用。設計師不希望你去想著這群人花了好幾萬小時才把手機做出來。他們想要你好好用、開心用。但當我看著自己的智慧手機，我確實會想到背後的那群人。為什麼？因為我是其中一人。

二〇〇七年，蘋果發表了第一支 iPhone，一夕炸鍋，一年內就賣掉了六百萬台。在全球各大城市都有人圍著蘋果專賣店排隊，想要搶先碰觸它那個神奇的螢幕。

我想要給你看點別的。拿起你的手機，打開「聯絡人」，也就是儲存電話號碼和電子郵件的那個應用程式。請你新增一位聯絡人，然後輸入電話號碼，看到了嗎？你是否看到鍵盤從原本的文字直接變成數字？這就是我的專利。

是真的，美國專利第七六七三二五四號，名稱很響亮，叫做「針對脈絡和語言輸入不同數據的裝置、系統和方法」。（我受的是工程教育，沒學過行銷嘛。）這件事要回溯到二〇〇六年，就在 iPhone 發表的前一年，我那時候忙著替電子裝置設計新介面。我們那個專案的團隊目標，就是要讓用戶在小型手持裝置的螢幕上輸入愈少的按鍵愈好。我的解決方案用乾淨、有效率的方法處理了問題，所以我申請了專利，現在全世界每支智慧手機上都可以看到這個小功能。

這就是賈伯斯和我，以及其他無名的數千人之間所擁有的共同目標。我們一起打造出智慧手機的某些功能，我們全做了一點小小的貢獻，加總起來，成就了革命性的劃時代產物，改變了人類生活的方式。

就像我和其他數千人協助打造出智慧手機一樣，未來也是這樣每天被建構起來的。科技是人打造出來的。未來也是人打造出來的。一步一步、一點一點。身而為人，做的每件事最終還是會回到人身上。科技、企業、商業都是未來的一部分，而人就是推動進程的助力。這就是為什麼鑄造未來的第二步——取用未來助力這麼重要。弄清楚你需要哪些人來幫你打造未來，和他們建立聯繫，你就可以得到資訊和動力，把自己的未來故事化為現實。

要詳加說明這個原則，我想再提一個讓大多數人思索未來時焦慮不已的主題：錢。有些人擔心自己沒有存夠錢，退休後沒辦法過舒服的日子。有些人更恐慌，擔心他們只要被資遣，房子就沒了，等著被法院宣告破產。多數人可能落在這兩者之間，不確定能不能讓子女讀完大學，或是維持辛苦工作所獲得的生活品質。

你在本章裡會讀到，當你看清金錢的未來，更具體來說，是個人財務的未來都和人有關的時候，這些恐懼很容易就會煙消雲散。

衆人之智

上現場轉播的電視節目總是會讓我有點緊張，我應該已經上過數十次，可能破百次了，可是每次走進攝影棚，我還是會感覺到心跳加速。最讓人焦慮的就是參加紐約市財經節目的通告。紐約是全世界的金融中心，所以這有點像是去華府談政治或去洛杉磯聊電影一樣。每個人都是專家。

二〇一一年的這一天，我在後台準備上有線電視的財經節目，要和幾個名嘴一起做現場直播。我們在等股市收市，這樣才知道那天的情況。紐約的金融還有另一個特色——永遠圍繞著股市。誰漲了？誰跌了？股市會收在哪裡？股市會開在哪裡？為什麼？為什麼？為什麼？為什麼？很多人靠回答這些問題的能力紅了，也因為失去這些能力而沒落了。不過我們得搞清楚一件事：大家真正想知道的不是股市今天怎麼了，或為什麼如此。他們想知道的是股市明天會怎樣，要如何運用這份知識獲利。簡單來說，他們想知道未來。

你可以看出來為什麼紐約的金融專家喜歡找我聊天了。唯一的問題是（你現在一定很清楚），我拒絕預測未來。我不是經濟學家或是任何金融市場的專家。我不會做出財金預測，這讓電視製作人很抓狂。不過他們還是一直邀請我去談未來。

所以這天我又到了後台，準備要走入鎂光燈之前，他們在我的臉上和頭上撲了好多粉。我已經禿頭幾十年了，化妝師總是會不遺餘力地在我頭頂抹粉，這樣頭頂才不會太亮。我不介意，雖然感覺有點怪。

終於四點了，股市敲鐘，直播也要開始了。我被帶到燈光明亮的攝影棚，一群分析師坐在那裡，等著聊未來。我每次看到大家在這種強光下還能這樣神態自若，總是很驚訝。電視上他們看起來光鮮亮麗、專業十足，可是當認真的製作人戴著耳機引領你走進攝影棚的時候，你環顧四周就會發現每個人看起來都好像是在超市排隊結帳的普通人。他們就是人。講話速度很快的名人，但還是人。我坐在自己的旋轉椅凳上，旁邊還有四位分析師，大家準備要開講。

「嘿，老布，未來怎麼樣？」埃米爾是常上電視的分析師，這不是我第一次上這個節目，其實，前幾年六月埃米爾要去他女兒的高中畢業典禮演講時，我還協助他寫過講稿。

珍妮絲是俐落洗練的主持人，她點點頭笑著對我說：「老布，歡迎回來。」

傅雷德是另外一位分析師，他雙手合十說：「老布，我們真的很想知道洋基隊會不會贏。」

「準備好了嗎，老布？」珍妮絲壓過我們的玩笑話：「今天也是談同樣的主題，我們想知道有沒有新產品，還有你認為即將發生的事。」

「聽起來很不錯。」我笑答。

「埃米爾，」珍妮絲繼續說：「甲公司剛宣布他們要裁掉三分之一的員工。」

傅雷德按著耳機，想要聽製作人提供最新消息：「乙公司的R先生剛剛打電話進來了。」

「哇！」埃米爾搖著頭說：「《時代》雜誌的凱特琳一定會追這則新聞。」

珍妮絲補充說：「今天早上珊蒂在節目裡說他們十二月要上市。」

「看起來不太妙。」傅雷德說：「我們可以請珊蒂上線嗎？」

這樣的對話持續了幾分鐘，我坐在不舒服的旋轉椅凳上，等著我在直播時呈現精力旺盛、熱情洋溢的模樣。這一瞬間，我忽然明白，我在上最多人看的電視財經節目，而大家在討論的都是人。沒錯，他們在處理很多抽象概念，像是市場利率和貨幣價值，以及這會如何影響未來，但說真的，講到底，這些資訊都和人有關。金錢的未來就是和人有關。如果你能找到對的人，就可以開始理解一切的未來。換個方式說，你認識誰決定了你會變成誰。

有了這個觀念以後，我希望你來見見麥鐸斯，就能更明白為什麼個人財務是一場和人有關的遊戲。

對治優柔寡斷的症頭

「我想和你談一談，但以後絕對會否認這次對話。」麥鐸斯靠在會議廳的金屬摺疊椅上。

二〇一八年的十月，我在波士頓參加創辦人現場大會（Founders Live），這個創業活動會繞著地球跑，我之前參加過紐約場，下一場則在倫敦。

創辦人現場大會最有趣的地方就是你永遠不知道誰會上台，更重要的是，你總是不清楚旁邊會是什麼人。我還記得第一次參加創辦人現場大會的時候，前面坐著美國前副總統高爾和英國前首相布萊爾，我一直拉長耳朵聽他們討論全球企業的未來。還沒見過高爾本人之前，你真的不曉得他到底有多高，或是他多熟悉各種事實和數據，不過那天布萊爾也不遑多讓。

總之，除了高爾和布萊爾這樣的名人，我在波士頓參加創辦人現場大會的時候，旁邊也坐了一些看起來很平凡但成就都很非凡的人。我碰到一位大學生，正在經營她創立的第二家公司，要改變食物包裝的方式。在一群銀行家中，我還和一位首席投資人聊天，他要投資女性所擁有的公司，因為從數據中發現，女性執行長所帶領的企業投資報酬率比較高。

下午休息的時候，麥鐸斯走過來就一屁股坐到我旁邊的椅子上嘆了一口氣。他原本是生物學家，現在創業，我們已經認識很多年了，新創的公司當時正在用合成生物學尋找治療癌症的方法。

沒錯，他正在想辦法治療癌症，成就不可小覷。

「我說真的，老布，」麥鐸斯繼續說：「我需要你的幫忙。但如果你跟別人提起，我會打死否認這段對話。」

我回他：「行，我要怎麼幫忙？」

「好，我想談錢。」他口吻急促了起來：「我想要討論我的錢。」

「你知道的，我不是財務分析師。」我反駁說。

「我曉得，我曉得。」他不打算讓我講下去：「我很清楚你的工作。我希望你可以和我討論未來。我要怎麼指揮腦袋和手腳，才能搞清楚我的財務未來，更重要的是，我全家的財務未來會是怎樣？我覺得如果去找個懂財務的人，他們會想要賣我金融商品。可是你不會。你只會說你不是財務咖。」他笑著說完這段話，輕拍我的臂膀。

「你確實很懂我。」我說：「要不要去外面？比較不會被別人聽到。」

「好主意，走吧。」麥鐸斯站起來：「下一場開始之前我們還有三十分鐘。」

「喔，是是是，用這些時間來討論你的財務未來很充分。」我故意酸他。

我們走向午後的陽光，整個上午都在室內照明的環境裡，這時候明亮的陽光讓人覺得很舒服。空氣正要開始有秋天的感覺，帶著來自港口的海洋氣息。我們離開了會場，沿著水岸散步。

訪問專家：到底錢為何物？

我們繼續聽麥鐸斯的故事前，先岔題一下。我想花點時間談錢。當我問你「錢是什麼？」你的腦子或許很快就浮現出鈔票的畫面，或是銀行存摺裡的數字。我們都認識錢。我們每天用。我們一直在想錢，包括深夜裡、還有應該把心思花在別處的時候。就那些念頭啊……如果我沒工作了怎麼辦？有錢讓小孩念大學嗎？如果我生病了怎麼辦？有錢可以退休嗎？

如果你也會在夜深時逼問自己這些問題，我想要請你記得一件事：錢不是錢。就和其他事情一樣，錢和人有關。沒有人的話，錢根本不存在。

為了協助你更理解這一點，我打電話給我最喜歡的經濟學家保羅．湯馬斯（Paul Thomas）。（沒錯，我有自己最喜歡的經濟學家。）保羅和我一起在英特爾共事過。我是首席未來學家，他是首席經濟學家，所以我們數度在茶水間激辯過。他也擔任過大陸航空的首席經濟學家，他還是一位教授。但這些都不是我最喜歡保羅的原因。這麼多年來，我和很多經濟學家合作過，保羅和他們的差別在於：他有讓人預期不到的洞見和幽默感。

我最近打電話給保羅請教他：「所以到底錢是什麼東東？」

「嗯，你知道的，老布，關於錢，有個故事，」保羅說：「經濟學家都喜歡講這個故事，代表這個故事或許不是真的，可是清楚闡述了錢的本質。」

「聽起來很不錯。」我說。

「假設南太平洋有一座小島，」他開始說故事：「島上的人決定每個人都應該擁有一些岸上的石頭。擁有的石頭愈多，財富就愈多。他們都同意這套制度，並用石頭來交易。可是有一場暴風席捲了海床，這些石頭都被砂礫覆蓋了。他們很慌，錢全沒了！他們失去了所有的錢！」

我插嘴說：「這可好了。」

「別擔心，這個故事是歡喜收場。」保羅笑了：「幾天之後，砂礫經過海水沖刷，他們又能看到石頭了。他們的錢回來了。這個故事的寓意就是：錢只是經過人共識決定出來的價值。貨幣這些有形的代表都不是重點。重要的是人群間的共識。」

保羅的這個觀點很重要，當你開始思考自己的財務未來時請放在心上。這個重點強調整個過程中，人有多重要。對我來說，「錢不是錢」這個觀念給了我很多力量。只有人同意給錢價值的時候，錢才有價值。

好，回到麥鐸斯。我們沿著水岸步行。

麥鐸斯開口說：「我應該是天才。」他的個子大，充滿自信，聲音又洪亮。儘管他說會否認這段對話，但我相信整條街的人應該都聽得到我們在講什麼。（對了，最後他允許我在書中分享他的故事，所以別替我擔心。）「我應該就是那種生物神童，讓全世界不再煩惱癌症，可是老實跟你說，我根本連收支平衡都辦不到。道格也不是很懂理財。」道格是麥鐸斯的丈夫。他們有兩個小孩：薇拉和傑夫，當時都在上小學。

「我相信有手機應用程式可以幫忙。」我開玩笑說。

「我是說真的，老布，」麥鐸斯顯然沒心情講玩笑話：「未來嚇死我了。我怎麼能肯定道格會一直好好的？那孩子呢？十年內他們就要上大學了。」麥鐸斯撥撥濃厚的頭髮：「呼！我是說，我要怎麼控制？我昨晚快抓狂了，道格提醒我說你的工作就是在幫別人展望未來十年。你和其他人討論過這種事嗎？」

「當然。」我說：「我想我可以幫忙。」

「來吧，老布，」麥鐸斯抓著我的肩膀：「來！吧！」

啊，就是這一刻——我在鑄造未來時最喜歡的部分。就好像你去釣魚的時候，大魚終於碰到了魚鉤。當然，要把魚拉上來還需要費很多功夫，可是你知道魚上鉤了。麥鐸斯和我繼續沿著水岸走，我的第一項任務就是讓他為自己和全家人想像一個新的財務未來：「你想要什麼未來？」緊接著下一個問題：「你想要避開怎樣的未來？」

麥鐸斯先談起他怕窮。很多人都怕窮，但他的畏懼深植在心裡，因為他童年貧困，這我一直不曉得。他說：「好怕窮到吃飯要靠救濟。」

因為在貧困中長大，麥鐸斯很清楚他不要什麼未來。他想要的未來比較難捉摸。我問他：「當你想著自己的財務未來，你看到了什麼？」

「霧。」他回答：「都是霧。」

我不會讓他這麼快脫鉤。我在上一章解釋過，想像你要的未來時必須盡量具體明確。你創造的畫面愈仔細，你鑄造的未來愈有效。如果我們在他家或是他的辦公室裡，我就會給他紙筆，然後把他反鎖起來一小時，逼他寫下自己的未來。但這時，我請他坐在公園長椅上，逼他認真思考未來，這是他這輩子第一次為自己這麼做。

我說：「而且不能只是說出『不窮』。」

麥鐸斯閉上眼睛，儘管面前的商務人士和觀光遊客熙來攘往，我可以看得出他很認真在思索未來。我這時就任思緒徜徉，一邊看著波士頓港口的粼粼水光。這片港口一直讓我很著迷，它有海洋的歷史，還有前往鱈魚角的快艇。一隻海鷗在我頭上啼叫，想看我手上有沒有食物。

麥鐸斯睜開眼睛吐口氣。「好，我知道了。」他說：「最重要的就是兩件事。第一，房子。我看到我們安頓在一棟房子裡，就算孩子上大學以後，回到家都還有自己的空間。第二：我要確保道格和我可以安心退休，孩子也無後顧之憂。」

房產和退休——這是多數人財務規畫裡的兩大支柱，也最容易在我們想到未來的時候讓人驚慌失措。這是當然的了，一想到我們會變老，就已經夠可怕了。若是還無家可歸，或是不知道能不能保住房子，那不嚇死人才怪。幸好，未來沒有被寫死，所以沒有人必須接受這種命運。我絕對不會說要掌控未來很容易。況且，對於人生過程中機會比較少的人來講，要掌控未來確實會比較辛苦；他們可能遭遇過經濟困難、家庭失和或病痛疾患。但即便是這些狀況，還是能打造出新未來。這就要從創造清楚畫面，看清你要的未來開始。

要看到自己在未來的家裡，你今天就要去看房子

麥鐸斯和我走回會場的途中，我請他更清楚地想想自己希望和家人住在什麼樣的

房子裡。

「老兄，你也曉得，波士頓瘋了。」他搖著頭說：「房價高得離譜，而且以後只會更貴。我是說，我要怎麼面對飆漲的房價？」

這是鑄造未來時常見的陷阱。大家還沒開始鑄造，就列出各種會失敗的理由逼瘋自己。碰到這種問題，我的建議是：給自己一個機會。我不是說要把警告訊號都拋在腦後，或是忽略現實處境。如果你領學校老師的薪水，或許就不要把未來設定在豪華閣樓。可是你在延伸想像力的時候也不必太害怕。記得我上一章提出的挑戰：勇敢做個不同的夢——你真心想要的未來。

「好，首先，你得讓這個未來感覺很真實，好像即將成真。」我說：「去看房子。就從賞屋開始。」

「我們沒有那筆錢。」麥鐸斯抗議了。

「不要緊。」我說：「事實上，沒錢更好。這樣你有錢的時候就知道自己要什麼了。這樣一來，你和道格就有個目標了。要看到自己住在未來的房子裡，你今天就要去尋找那間房子。」

「聽起來好像廣告台詞。」麥鐸斯往旁邊瞄了一眼。

他說得沒錯，這聽起來確實像廣告台詞，可是像廣告台詞般順口，不代表它是空話，不切實際。我們走著走著已經快回到會場了。

「這幾個週末就去看房子吧。」我繼續說：「你必須要能看到自己在那間房子裡。看上的房子不要只有一間。認真去了解你喜歡什麼、不喜歡什麼。去弄清楚房價。和道格討論你們各自想要的房子。先想像你在那些房子裡，還有身處的社區。讓自己有足夠的時間去體會未來每一分鐘的生活細節。對了，還要散步去附近的超市。」

「好，好，」麥鐸斯說：「我懂了。」我們推開會場大門，走進會議室。

「這樣你會更清楚房價，也會知道目標要怎麼設定。」我總結這段討論：「接下來就好玩了。」

「好玩？」麥鐸斯問。

「對，然後你就要找到自己的隊友……」

營業祕密：怎麼算出你要花多少錢買房？

我經常要提醒別人，我的專業是未來，××產業不是我的專長，比方說，房地產。我自己這些年來買賣過幾筆，成績也不錯，但這不能讓我變成房產達人。幸好，有很多專家可以幫你決定房產未來的特點和細節。

我很重視伊萊絲．葛林克（Ilyce Glink）的建議，她是一位專欄作家，也出版過數十本關於房地產和金融的書籍，包括暢銷書《第一次買房之前應該提出的一百個問題》（*100 Questions Every First-Time Home Buyer Should Ask*）。葛林克可以詳細說明購買房屋過程中的每一個面向，不過關於鑄造未來，她最棒的建議就是：先決定你能負擔起多少錢的房子。這好像是每個人都曉得的事情，可是有份產業報告指出，約四成的買家在買房的時候都超過原定的預算，平均提高了兩萬美元。

因此，你要怎麼避開這樣的未來？

首先，你要有個務實的預算，房仲都稱之為「你的數字」。葛林克的網站則列出以下四個你在賞屋前就必須問自己的問題：

- 我存了多少錢可以當頭期款？
- 我每個月可以拿回家多少錢？
- 我有多少債？
- 我是否研究過想住的那個生活圈開銷要多少？我可以負擔嗎？*

有了清楚、誠實的答案之後，你就能找出可以負擔的生活圈和務實的預算。過去買房的黃金準則是房子的開銷應該占每個月家務預算的三成。不過，這忽略了交通成本。如果你住的地方離上班地點很遠，車資就會不小，所以最好把住宅和交通成本都加起來，總額不要超過每個月家務預算的百分之四十五。在美國，有個方便好用的網路工具「房屋與交通可負擔能力指數」，可以看出全美國二十二萬個社區，如果把交通成本都考慮進去的話，就會影響到住戶支配所得的能力。

在鑄造和房產有關的未來時，這些細節很重要，因為超支的話可能讓你變成「有房子的窮人」，後果也不堪設想。葛林克的網站上指出：「很多家庭的房務開銷占所得比例太高，所以他們在健康飲食、運動、預防型醫療等項目就會花得比較少，因此就可能該看醫師的時候一直拖著不去看，他們的儲蓄也比較少，或甚至無法存錢，所以沒辦法面對急難狀況或安穩退休。」**

我想大家都同意：這就是我們想避開的未來。

取用未來助力

麥鐸斯不是那種能忍受進度停滯的人，所以我們如果沒把話講清楚，他不會讓我離開波士頓。我答應會後再和他喝一杯，把鑄造未來的所有流程解釋清楚。

「你需要找到自己的隊友。」我們在附近酒吧裡舒服的皮沙發坐下來之後，我就重複這句話：「記得，找房子這件事情不只是和金錢、房產有關係而已。還有人。賣家、買家、仲介、代書。最棒的地方就是這些人都希望你能買房子。」

---

* Liz Stevens, "How Much Can I Afford to Spend on a House?" ThinkGlink, May 29, 2019, https://www.thinkglink.com/2019/05/29/how-much-can-i -a3ord-to-spend-on-a-house/.

** Stevens, "How Much Can I Afford to Spend on a House?"

「好，我有在聽。」麥鐸斯說。
「可是等等，還不只這樣。」我說：「一旦確認誰可以幫你實現你的未來之後，接下來就要找到工具和資源，幫你抵達未來。」
「像手機應用程式？」
「當然，手機應用程式也算，還有貸款方案、存款計畫。」我說：「我要再次提醒你，我不是金融或房產專家。你的隊友可以幫你找出這些工具。然後最後你還要找一群人：專家。」
「專家？」
「沒錯，你想做的事，有些人已經辦到了。你可以向他們學習。」我解釋說：「以你的例子來說，這些人碰過類似的處境——或許有伴侶、有幾個小孩，他們以前成功買了適合的房子。」
「懂了，我懂了。」麥鐸斯興奮地說。
「他們也可以是尋找房貸方案和研究生活圈情報的專家。」
「有理。」麥鐸斯點著頭說。
儘管充滿熱情，麥鐸斯還是讓我覺得他有點承受不住這麼多資訊，但我想要把完整的鑄造過程都解釋完再離開。

「最後一步就是逆向鑄造。」我開口了。

「等等，我要把這些都寫下來。」麥鐸斯說，假裝在口袋裡找筆。

「我知道聽起來好像很多事要做，」我說：「但這是因為你第一次聽到這套方法。其實這個流程很簡單。第一步：看到自己出現在你的未來裡。第二步：找到能讓你實現未來的助力，包括隊友、工具和專家。第三步：以終為始來打造未來。」

「喔，廢話，你講起來很容易。」麥鐸斯唉唉叫：「你可是未來學家。」

「別擔心，我馬上就能讓你和未來學家一樣思考。」我說：「透過逆向鑄造，你先具體擬出要怎麼做才能到中途點。既然是要買房子，那中途點可能表示你存夠錢付頭期款。你知道這代表路途已經走了一半，那就把前面的路再切一半，找出你的前哨站。以你的例子來說，這可能代表你要找到自己要的生活圈、挑幾間有興趣的房子，或是和銀行放貸的人打好關係。」

「有理。」麥鐸斯點頭。

「做完之後，你就可以決定下週一要做什麼，正式啟動這個流程。」

麥鐸斯放聲大笑：「你把這一切講得好簡單，」他說：「但事實上，現在我知道要怎麼做之後，鑄造未來聽起來真的辦得到呢。」

「太帥了！」我舉起酒杯敬他的未來：「我想要隔幾週之後聽聽你的進展。」

一起鑄造未來的家庭

「我討厭草坪。」麥鐸斯在一陣靜默之後忽然說。

「你說啥？」我不知道自己有沒有聽錯。我們在波士頓，他住的小公寓裡有個陽台。自從我們在港口談未來之後，已經過了八個月。當時天氣異常溫暖。我到波士頓幾天，麥鐸斯堅持要我和他們星期日一起烤肉。一起在他們租屋處的小陽台烤肉有點好笑，但我知道麥鐸斯這麼做是想要繼續討論買房的事。道格和孩子在屋內，等我們烤好熱狗和香腸。

「我討厭草坪。」麥鐸斯又說了一次：「我以前從來不知道這件事。我是說，誰會討厭草坪？我從來沒想過，結果，沒錯，我就是討厭草坪。事實上，我討厭所有院子裡的工作。」

「我完全聽不懂。」我笑著說，和麥鐸斯說話的時候，我經常會狀況外。

「我聽了你的建議，老布。」他說：「道格和我去看房子，想知道我們能不能想像自己未來在那些房子裡，這就是你說的，對吧？」

「是，沒錯，繼續說。」

「好，所以我們四處找，發現了幾個我們喜歡的生活圈，了解房價和我們討論過的那些事情。原來我們有一些朋友，另一對也有小孩，他們就買在我們喜歡的那一區。他們就是專家，對吧？」

「對。」我回答。

「他們要度假一個月，又知道我們對那一區有興趣，因為我們和他們聊過想要的未來。」我可以看出他很努力要用鑄造未來的措辭來溝通：「他們問我們要不要住進去體驗看看，也幫忙照顧房子，這樣我們就能感受一下那個社區。我們確定過小孩上下學接送沒問題，所以就答應了。」

「哇！」我驚呼出來：「太棒了。利用這種方式活在你想要的未來裡，太好了。真酷。」

「對，我也覺得很棒。」麥鐸斯對自己的進度很驕傲：「我們住在那間房子裡，很愛。我們好愛那個社區，一切都很愛，只除了一點。」

「是什麼？」我問。

「那間房子有個很大的後院。」麥鐸斯的聲音逐漸低沉：「我們很喜歡在那裡烤肉，讓小孩跑來跑去。」

他挪動了一下我們腳邊那個小到可憐的烤肉爐：「真的很棒，直到草長了，後院要整理。因為那就是屋主要做的事情，對吧？」

「喔，不，」我說：「我知道你接下來要講什麼了。」

「對，結果，修整後院真是累死人了。」麥鐸斯氣了：「我恨死了，道格也討厭。我覺得根本連小孩都對草坪過敏。太可怕了。很恐怖！」

「真糟糕。」我笑著想像麥鐸斯在後院很悲慘的模樣：「不過幸好你們現在就發現了。」

「就是啊。」麥鐸斯同意我的話，低頭檢查熱狗。

「所以你現在的未來是什麼？」我問。

「不能有草。」他馬上說：「不要有後院，除非它是露台。」

「說真的，」我逼他講出更多細節：「你的未來現在是什麼樣子？中途點和前哨站是什麼？聽起來下星期一的部分你已經完成了。」

「喔，我們已經走很遠了。」麥鐸斯揮揮手，讓我不必講下去：「我們把功課都完成了。我們有隊友了……」他刻意強調隊友：「我們現在有個房仲在幫我們睜大眼睛找房子。也有房貸仲介和財務規畫師。」

「哇！太棒了。你有沒有……」我正要問。

「慢點，未來小子。」麥鐸斯說，用微笑打斷我：「我先給你完整的報告再進去屋裡。我想我們上星期就抵達前哨戰了。我們的存款和投資已經有行動了，我們的財務人員知道我們的目標是連棟透天厝。」他一邊說話，手一邊在空中揮動，好像在移動很多盒子：「我們在秋天就會走到中途點，看工作的狀況，你也知道，治療癌症不容易啊。」

「你已經有很多進展了。」我努力用鼓勵的口吻。

「喔，不只這樣，」他說：「道格很愛鑄造未來，我們兩人坐下來，讓孩子也坐下來一起討論我們都想要的未來。我們全家一起鑄造未來。」

「一起鑄造未來的家庭……」我才剛開口。

「不要又寫出廣告台詞了。」他把熱狗和香腸從爐架上拿起來，放上餐盤：「我們還會和財務顧問一起討論未來五到十年的規畫。」

「麥鐸斯，這太厲害了！」我鼓掌說：「你真的做到了。你的進度很了不起。」

「老布，謝了，」他的口氣變認真了，正視著我的雙眼：「不，我說真的，老布，謝謝你。我覺得好多了，而且港口的對話感覺好像是很久以前的事了。」

「不客氣。」我點點頭：「這是我的榮幸。」

「但你要小心一點。」他拉開滑門要走進室內：「我的小孩現在都很著迷未來學。他們等一下會用很多問題轟炸你。」

「我等不及了。」我說真的。

快問快答3：人的力量

好，又要問問題了……

我每次這樣對學生說，他們就知道要練習了。這時候很適合按下暫停鍵，把人和你自己的未來人生連結在一起，放入鑄造未來的過程裡。

我不會馬上丟給你三個問題，而是希望你先想想三個能協助你開創正向未來的人。我們的生活中都有這些人，我們尊敬、欣賞、深受吸引的人，因為知道他們或多或少都可能發揮正面的影響。這裡的關鍵字是「可能」，因為就算我們知道這個人可能為我們的生活帶來多少價值，卻常常不採取行動。

為什麼會這樣？我認為這是因為我們思考得還不夠認真，沒有想清楚自己要什麼未來，以及這個人可以如何幫我們獲得那個未來。切記，人生中最糟糕的事就是讓別人，或甚至期待別人來決定你的未來，像是等到你尊敬的人來告訴你該怎麼過你的人生。

在這項練習的第一部分，你必須先找出生活中三個正向的人。第二部分，你要釐清他們可以在你未來中的哪個明確環節發揮影響，以及這段關係會如何進展。這項練習很像是陽春版的「諮詢前輩」，可是我們加入了關鍵的鑄造未來，強迫你以很明確的方式思考想要的未來，以及這些人可以如何協助你抵達未來。

我一年也會做幾次練習，鑄造自己的人生。我在第一章提過安迪．布萊恩，他就是我在英特爾的前輩和導師。他是我的其中一名隊友。當我對於協助個人鑄造未來產生興趣的時候，他幫我釐清它的樣貌，發揮重要的影響。他提出挑戰，問我很難回答的問題，那些問題我當時沒有答案，必須花一段時間好好思考。但就是這些讓人不舒服的對話、對答案的追尋、花時間反思，最後讓我用更具體的方式看到自己的未來。那次對話改變了我的人生，讓我看到更新、更清楚的未來。

我的另一位隊友，推動我前進，持續提供我推動力朝未來邁進，讓我成為自己想當的人，那就是蒂安娜。如果觀察我們兩人，她和我真的是南轅北轍。我們有不同的背景、人生目標、世界觀和經歷。我們經常有不同的想法，可是她的觀點和參與對我很重要，讓我能創造更複雜、更包容的未來。我們談話時，她通常會先指出我錯在哪裡，或是我漏了什麼，還是我的觀點有什麼破綻。但這些討論都很正面、有建設性，目標是要讓未來更好。

好，現在輪到你了。

問題

● **有哪三個人（或更多）在你創造未來時可以發揮積極作用？**

- **誰有助於推動你朝自己想要的未來前進？**
- **你為什麼認為他們可以幫忙？**
- **他們可以正面地支持你嗎？**

追加提問

- **這些人的觀點有沒有和你不同？**
- **你和這些人是否來自不同的背景？**
- **這些人會挑戰你嗎？**

除了回答這些問題，請你回頭去看「快問快答1」（第56頁），和你找到的這些人談一談。請他們回答上述的問題，並聊聊未來。看看這場對話如何進行。很正面嗎？你聊完之後感覺到更多能量和支持嗎？

花時間去回顧「快問快答1」後，回到你的隊友身邊，和他們談談你想要的未來，並討論你希望他們如何參與這個鑄造未來的過程。我敢說你會發現他們覺得很榮幸，而且願意盡力幫你實現未來。

人在絕望深淵怎麼想未來

我們要結束人和未來的話題之前，我想要再分享一則故事，讓大家知道轉換觀點有多麼重要，可以把人從絕望的深淵拉起來。

那天我坐在書房，寫研究報告時，收到一則訊息：「未來學家，你在嗎？」

「在。」我回覆：「怎樣？」

「請告訴我，我也有未來。」泰拉回答我。

我參加過一場探討科技的未來與美國夢的市政大會，在那裡認識了泰拉。這場活動辦在愛荷華州立大學的校園。那已經是好幾年前的事了，但這幾年泰拉過得並不順。她有一些心理健康的狀況，後來導致財務困難。

「妳有未來。」我在簡訊裡說。

「我戶頭裡有三百美元，房租要一千一百美元，兩週內要交。告訴我，我要拿這個未來怎麼辦？」

「方便的時候打給我。」我很快地回覆訊息：「我們談一談。」

泰拉大概在一個月前曾經聯繫我，讓我知道上次在大學校園見面之後的進展。我們廣泛地討論過未來幾次，可是我不曉得她的情況已經變嚴重了。泰拉不曉得我其實很熟悉身處谷底的悲觀感受。

我能自在地討論這些話題，也知道資源有限、財務無望和沒錢可用的感受。

二〇〇一年八月，我和別人共同創立了科技公司，我對該科技很有信心，身為未來學家夠讓我相信網路會和電視結合在一起。那比 iPhone 早很多年，也遠在我和英特爾一起開發智慧電視之前。我真心相信網路電視會出現。

因為相信，所以我把所有的積蓄、信用、資產都投入這家公司，要讓公司起步。然後就發生了九一一攻擊，景氣停滯，所有的投資人都把銀彈收回去。我們垮了。我失去所有的錢，還必須申請個人破產。我知道山窮水盡、無路可退是什麼感覺。

這就是為什麼只要有人發現自己身陷困境，不管是什麼原因，他們的電話我都會接。我也曾經身陷困境，所以可能有辦法幫他們找到出路。

我的手機響了。

「妳一定很挫折。」我冷靜地說。

「對，也不對。」泰拉回覆我：「確實，我感覺很挫折，謝謝你。」

我可以感覺得出來她想要有禮貌，可是聲音裡仍透出畏懼和氣餒。我聽得出她想要尖叫或大吼，可是她知道不禮貌：「但我也覺得受夠了，你知道嗎？我是說，當然我犯過錯、曾經搞砸過，可是那代表我這輩子難道就這樣嗎？連付不付得出房租都不曉得嗎？」

「我不認為。」我回覆說：「不會一直是這樣的。妳的現況還有另外一面。」

「真的？」她的聲音透著一絲怒意：「我覺得很無力、沒有價值，就好像我對這個世界沒有價值，好像我永遠都不會有價值。」

泰拉進入了負面螺旋。無力感、挫折感、恐懼感會互相強化，推著你往深淵裡繼續墜，愈跌愈深。

「我可以幫什麼忙？」我問。

「你給我一千美元。」她答得很快，然後過幾分鐘又說：「不，老布，我不是打電話來借錢的。我是說，如果你給我一千美元，我的日子會馬上好過一點，但這不是你的功能。我知道。」

「所以我可以幫什麼忙？」我又問。

「告訴我，」她沉重地嘆了一口氣：「告訴我，我有未來。給我一點希望。」

「妳有未來。」我平淡地說。

「真好笑。」她笑說：「你已經在訊息裡講過了。這不是我要的。」

「我懂妳的意思。」我打斷她的話：「我要跟妳說，妳真的有未來。現在的妳即將走到尾聲，妳會走到另一面，但我希望妳告訴我：妳想要什麼未來？」

「一千美元。」她回答說。

「那妳想要什麼樣的長期未來呢？」我問：「妳可不可以看到自己在不同的未來裡呢？」

「我甚至連這星期會怎麼結束都想像不出來。」她說。

「那就試試看。」我催促她：「試著看到自己在不同的未來裡。一個妳不怕自己付不出房租的未來。一個妳覺得自己有力量可以掌握局勢的未來。」

電話安靜了一陣子，很深沉、死寂的安靜。我任安靜蔓延，給泰拉一點空間。已經很久沒有人允許她好好想像一個不同的未來，讓她離開驚恐的現狀了。

「呃，好！」她嘆氣說：「要我老實說呢，那我覺得是我想回學校。我犯的大錯就是這個，我就是在這裡偏離了。我知道自己為什麼會犯錯，我慌了。這就是躁鬱症的禮物：我是驚慌大師。我就不拿細節來煩你了。」

我知道很多細節。

「所以，沒錯，我渴望回學校，可是我現在這麼窮，『永遠』沒辦法回校園，而且我真的不想再住在愛荷華了。我現在住在維吉尼亞州，這些細節也不提了。」她又進入了負面螺旋：「這是不可能的。」

「那不是不可能。」我回覆她：「妳成功過一次，妳還可以再做一次。」

「可是我連房租都付不出來，要怎麼付學費？」

「我們不是在討論妳的現在。」我回答她：「我知道妳現在的處境淒涼，可是給我幾分鐘，我想不會很久。妳沒有自己想的那麼無力，妳有掌控權。妳會打造出自己的未來。」

「好，我會配合。」她同意說。

「妳想上哪間學校？妳想學什麼？」我問。

「老實說，哪間學校都無妨，」泰拉回答說：「只要能念書就好了。我想要完成物理治療的學位。我很想回學校讀書。」

「很好。」我繼續說：「接下來，我們可以想想妳要怎麼到那裡去。」

就像麥鐸斯一樣，我們詳細地討論了泰拉的未來助力。當我們把她的隊友湊在一起，這段對話踩到敏感話題。

「哪些人可以幫妳回到學校，朝妳要的未來前進？」我問。

「我沒有人可以幫我。」她靜靜地說。

「能幫妳走向那個未來的人。」我刺激她想一想。

「我沒有人可以幫我。」她又說了一次：「我已經和家人疏遠了。至於我前夫，他肯定再也不會幫我了。」她的嗓音變沙啞了。

我不知道泰拉結過婚。她從來沒提過。

「還有許許多多的人可以幫忙。」我努力把她拉回來。

「像是誰？」

「妳想上哪間學校，可以先從那裡的人著手。」我解釋說：「妳可以去和他們談談，或許是註冊組的人，或是協助辦學貸的人，或甚至是社區服務的人。去參觀校園不用花錢，妳就可以和那些人聊聊，他們就是可以幫妳實現未來的人。這可能聽起來很簡單，但這是個很棒的第一步。」

泰拉又安靜了一下：「你是說就去找他們講話？為什麼他們會和我講話？」

「他們願意和妳說話，」我回答：「因為那是他們的工作。」

「嗯。」她說，變化出現了。聲音裡的銳氣散了：「我聽懂你的意思了。」

我們繼續討論她的中途點和前哨站計畫：「老布，聽著，」她最後說：「我已經花你太多時間了，但我懂。我知道你的意思，我是說，我還是需要打起精神、付房租，但你知道嗎？光是看到未來，並且能夠去找那些想和我對話的人談談，我就覺得很真實，好像我辦得到。」

「妳辦得到。」我笑說。

「你很樂觀，」她大笑：「我很感激你的支持。」

泰拉後來找到了付房租的方法。她還約了時間參觀維吉尼亞州的歐道明大學，很靠近她住的地方。他們有很棒的物理治療課程，她也找到了很多可以聯繫、接洽的人。這就是她的前哨站。上次我有泰拉的消息時，她已經抵達中途點，透過學生財務協助辦公室的幫忙，註冊了夜間課程。

接下來：打造未來的助力，不只有人

你就和泰拉、麥鐸斯與他的家人一樣，也有力量可以去想像、設計和實踐你一直想要的未來。當你看到自己在想要的未來裡，並且採取具體明確的步驟，一點一點，一段對話接著一段對話，你就能讓未來發生。

未來是人打造的，擁抱這個想法。你會打造出自己的未來，還有家人、企業、社群的未來，以及任何你想創造的未來。先找出誰可以推你一把，讓你實現未來。

在鑄造你的未來人生時，還有一個關鍵元素。這些年來，我發現未來不只是人打造出來的。這就要講到鑄造未來的另一個核心，也是下一章的主題：未來始於你身處的地方。

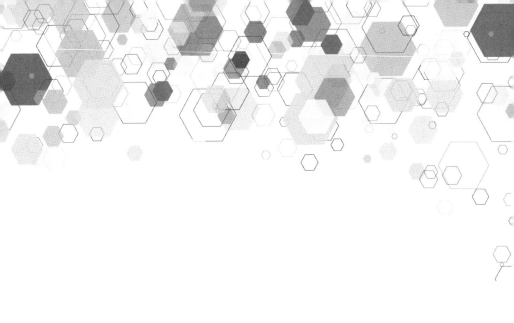

第5章

未來始於你身處的地方

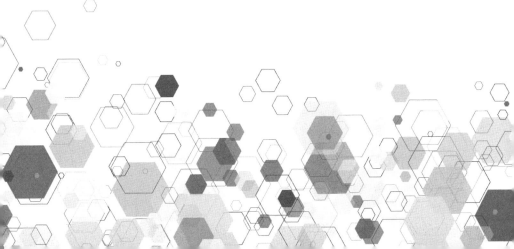

未來是人打造出來的。希望我已經在上一章說服你了。現在我想要討論另一個鑄造未來的真相：未來始於你身處的地方。我這麼說到底是什麼意思？我在公開演講的時候，都用另一個問題來回答：「你覺得此時此刻，未來是在哪裡打造出來的？」多數人都會想像出矽谷某個時髦、明亮的實驗室，或是華府的權力走廊，或是中國的某間工廠。很少人會想到未來其實可能就是每天在自家院子裡打造出來的。

不過，這就是鑄造未來理論中很合邏輯的下一步。如果未來是人打造出來的，人的存在又有實體位置，那所有的未來一定在人身處的地方。換個方式來思考，未來就是由充滿熱情的人，聚在一個房間裡，挽起袖子，動手實踐共同的願景。這個房間可能是個實際的空間，或者可能是虛擬的，像是一通視訊電話或一個社群媒體平台。

關鍵就是：為了打造自己的未來，你必須要在對的時間出現在對的地方。表面上，這好像人人都曉得的道理。但我不知道碰過多少人擱置自己的未來，只因為他們身處錯的地點，無法讓人生前進。也許他們的職涯停擺，因為入錯行。或者他們沒辦法找到愛，因為住在錯的城市裡。或者他們的身體健康走下坡，因為陷在錯的交際圈裡，用錯誤的生活方式過日子。

為了幫自己創造新的未來，你必須先改變自己描述的未來故事。在這個過程中，你也必須問自己，新的未來最可能出現在哪裡，然後採取必要的步驟讓自己抵達那裡。我現在要告訴你，做得到的人很少。

前方有完整的人生，可是看不到未來

進入未來主義的領域後不時會收到各種訊息。我的手機不分日夜，會在奇怪的時間響起，對方可能是我好幾個月或好幾年都沒聯絡的人。我不介意。事實上，我很榮幸能讓需要幫忙的人將我當成求助的生命線。大家都覺得能速撥電話給未來學家很好。我喜歡想像他們開口說出老牌益智節目《誰想當百萬富翁》的名句：「我要打電話求救」，然後主持人就讓他們撥給我。

所以，就在一個工作日的晚上，久沒聯絡的強傳來一則簡訊。他是在一家大型保險公司擔任代理人，我已經對該公司提供諮詢服務好幾年了。我們是在工作應酬、棒球比賽和其他社交活動上才漸漸熟起來的。

簡訊上寫著：「現在可以講話嗎？」

「聽起來不妙！」我回覆：「可，現在嗎？」

幾秒鐘後，我的手機響了。

「嘿，強。」我接起電話，想掩蓋聲音裡的憂慮。

「我希望我沒有踩線，」強先嘆了一口氣：「不過，當她親口告訴我這件事的時候，我就馬上想到你了。」

「等等，現在是怎樣？」我說：「還好嗎？因為你聽起來不太好。」

「抱歉，講得很神祕。」強盡力讓聲音聽起來不煩惱：「是我女兒，羅珊。我不曉得要怎麼做。」

「我可以幫什麼忙？」我問。

「她這陣子不好過。」他解釋說：「她剛從藝術學院畢業，可是她非常迷惘。」

「這年頭對年輕人來說不容易。」我說。

「對，但不只是這樣。」強說：「昨晚在吃飯之後，她說已經沒有未來了。她說自己沒有未來。這時候我腦中立刻想到你。我知道我們除了工作以外並不熟，可是我希望你可以跟她聊一聊。」

以前也有煩惱的家長來請我提供人生建議。我告訴他：「我很樂意。」然後我們就安排了聯繫的時間。

最淺顯易懂的道理有魔幻力量

視訊電話的畫面出現在我手機螢幕上，音樂傳出來，等對方接通。我在太平洋西北地區的書房裡，打給明尼亞波利斯的羅珊。

「哈囉，我是老布。」她接了，視訊畫面出現了。

「喔，嗨，謝謝你。」羅珊回答地很遲疑：「我爸說我們應該談一談。」她好像坐在爸媽家的廚房裡，才二十幾歲，頭髮超短，鼻中隔有個牛鼻環。

我通常不會太在意別人的外表，但我無法忽視她的頸子上有個孟加拉虎的大刺青。虎尾和後腿盤據她的右肩，虎頭就在她的下巴底下，靠近右耳處。

「羅珊，很高興認識妳。」我先說。

「叫我小羅。」她笑著說：「大家都這樣叫我。」

「好，小羅，」我挪動坐姿後說：「我可以幫什麼忙？」

「我爸說你是未來學家，」她好奇地說：「那是什麼？」

我開始發表未來學演說，解釋我做的工作。

「好的，那我想這還滿合理的。」小羅點點頭，她老爸要她和一個怪老頭說話，她當然會心存懷疑。

「妳爸說妳在思考自己的未來。」我說。

「不是。」小羅笑著說，瞥了一眼天花板再看著我：「我跟我爸說，我覺得自己沒有未來，他就抓狂了。」

她說著說著就開始放輕鬆了。她釋放了自己坦率、真誠的那一面：「我才剛大學畢業，背了一屁股學債。我還和爸媽住在一起。我不想一直念書。我其實想去工作，可是從畢業之後就沒找到讓我有熱情的工作。所以從我現在的處境來看，沒錯，未來不怎麼明亮。」

「妳有參加任何面試嗎？」我想要更清楚她的狀況。

「有面試幾家公司，我還應徵上明尼亞波利斯這裡的建築事務所。」她解釋說：「才到職幾個星期。我在行銷部，做3D模型和人物動畫，我大學就是主修這個。」

我想像著小羅戴著她的鼻環，加上老虎紋身在明尼亞波利斯的建築公司裡，接著我就檢討自己了，因為忽然察覺我無意識出現的偏見，用我「以為」她是什麼樣的人來過濾她說的話。

我在小羅從頭到尾說出她的故事前，就杜撰了小羅的故事。這是偏見最不堪的面貌。儘管我真的想幫忙，但我還是落入圈套，在傾聽時過濾她的話。

我們在講話的時候都會過濾掉別人說的話，和小孩說話的時候會，在職場說話的時候會，我們自己說話的時候也會選擇用特定字眼，略過其他字。

但我們在傾聽的時候也會過濾。當我們有先入為主的觀念，或以為我們「了解」這個人的時候，大腦就被設定好了。**我們只聽自己想聽的部分**。就算是對方變了，或是有不同的觀點，我們還是會根據自己認為對方是什麼樣的人來聽他們說話，而不是根據他們真實的狀況。這時我們就沒辦法實際聽懂他們在說什麼。我在一定程度上剝奪了小羅的本性。我不認識她，難以理解她，可是我竟然就已經開始預設立場了。我需要退一步，更注意這一點，讓自己心胸更開闊。

當發現你拿出過濾器時，請怪罪一下自己。看到最好的一面，根據對方說的話去回應，而不是你以為的意思。聽對方的話，根據訊息來行動。

「那我可以幫什麼忙？」我問。

「這是個好問題。」她回答說：「你可以幫什麼忙？我爸說你幫助的對象都是大公司和軍隊，可是我當然不是企業也不是軍方。」她的口氣很迷人——不粗魯也不會沒耐心，可是又直白地切入重點。她似乎不符合我和所有專業世界對她的期待。

「好，這套方法可以應用在所有事情上。」我笑著說：「所有人都可以和未來學家一樣思考。」

「好，未來學家，放馬過來。」她點點頭。

「妳想要什麼樣的未來？」我開始說：「還有妳想要避開什麼樣的未來？」

「這個答案好像超明顯，是不是？」小羅用就事論事的口氣大聲說：「我想要做動畫，但不想在建築公司裡做。我想要還清學貸。我『真的』好想要從我爸媽家搬出去。嗯嗯！」她又點點頭，咧嘴狡猾地笑了笑說：「差不多就這樣。」

「但這個未來在哪裡？」我追問她：「妳想要進動畫產業，不想和爸媽住。那……妳到底想在哪裡工作？妳究竟想住哪裡？」

「我——」她開口了，又停下來。她張口半晌，然後又立刻闔上嘴。她心不在焉地揉著刺青的虎尾，然後又張開口，又再度閉嘴。

「這樣吧，小羅，」我打破了沉默。

「別催，未來學家，」她舉起手：「讓我好好想想。」她坐了一陣子，然後終於說：「喔，我不曉得，我以前從來沒有用這種方式來思考過未來。」

「每個人的未來都在身處的地方。」我對她說：「對很多人來說，理解未來在哪裡和未來是什麼模樣，都是實現未來時最重要的第一步。」我想要看到她肯定的表情，可是她的眼神硬是定在螢幕畫面外。

更折磨人的沉默。

「好，我加入。」她忽然說話，把注意力轉回我身上：「給我一星期。」

「很好！」我不確定剛剛發生了什麼變化。

「好，未來學家，掰。」她揮著雙手：「我下禮拜再找時間傳訊息給你。」然後她就結束了對話。我心想：**眞是有趣的人啊！**

想當伐木工，就要去森林

「嘿，未來學家。」小羅隔週打給我，現在我比較熟悉她的長相了，她的臉塞滿螢幕畫面，聲音聽起來很不一樣，放下戒備，但是也少了信心。

「哈囉，小羅，」我說：「這週過得怎麼樣？」

「爛透了，」她說：「一個女生能做出多少住辦兩用的大樓模型？」

「我不知道，多少個？」我大笑，想讓她輕鬆一點：「那妳有沒有想過——」

「有，有，有，」她在鏡頭前面揮著手打斷我：「我想去皮克斯工作。」

「皮克斯？」我問。

「你知道吧！就是製作《玩具總動員》和《瓦力》的動畫公司，幾乎每一部值得看的動畫都是他們做的。」

「那很棒。」我回答：「我知道皮克斯。我好像不認識誰在那裡工作，那妳有沒有查過他們的職缺？」

我本來要繼續說下去，但看到小羅靠近鏡頭，所以住嘴。她的眼球占滿了整個螢幕畫面。

「妳還好嗎？」我問。

「未來學家，我正在看著你。」她又坐回椅子上。

「看什麼？」我問。

「你沒笑。」她說：「我以為你會笑。有個大學教授就輕蔑地笑了。還有安蒂，坐我旁邊的同事，她笑到肚子疼。但你沒笑。」

「我為什麼要笑？」我問。

「因為我是個明尼蘇達州的屁孩，這裡鳥不生蛋，我又沒錢，只有個名不見經傳的美術學位。」她搖著頭說：「我怎麼可能到全世界最重要的動畫公司去工作？」

「好，小羅，我們從這裡開始鑄造未來正好。」我說。

我前面已經描述過這種情節了——當客戶決定從思索未來轉變為準備好往前衝的「上場」時刻。小羅或許在我們談話的過程中被自我質疑所困，但我看得出她心裡有個部分已經開始相信這個新未來了。這是鑄造未來時重要的一課：質疑、不相信、一直說不——這些通常表示未來近了。如果你的腦子裡有個聲音說：「這行不通」或是別人這樣對你說，那麼你就要對自己強調這個看法兩次。這就是我為小羅上的一課。

「哪些人可以協助妳去那裡？」我一頭栽進鑄造未來的流程裡。小羅在第一週完成了鑄造未來的第一步，創造大膽的新未來——將來在皮克斯擔任動畫師。現在她要找出未來助力，推動她朝那個未來前進：「哪些人之前做過這種事？」我問她：「有哪些工具和資源？能幫你的專家有誰？」

「你要我打給約翰・拉薩特（John Lasseter）？」她口氣平淡地說：「就是《玩具

總動員》的導演。」

「妳可以試試看，」我聳聳肩說：「但妳可能也想要從生態鏈的底層開始。同時，妳能不能聯繫當地的專業團體？或許有些聚會就集合了想進入動畫業的人。」

「然後咧？我要跳上飛機前往加州，直接走到艾默里維市，開始和動畫師混在一起嗎？」

「嗯，如果想當伐木工，就要去森林。」我說。

我想大家現在可以看得出我很喜歡引用格言了，這句話真的很好用。我知道我從本章的開頭就一直強調未來始於你身處的地方，可是這不表示適合你的未來就會降落在你家院子。有些未來是你必須遷居前往的。小羅在明尼亞波利斯市中心的建築事務所工作顯然不開心。她是在做動畫，但不是在她想要的環境。

「妳現在就是個住在平原裡的伐木工，周圍都是草，放眼望去沒有樹木，」我說：「所以，小羅，沒錯，妳得搬家。」

「你瘋了。」小羅拍著她的虎尾：「我沒有錢，沒有時間，沒辦法說搬就搬。」

這個反應完全在我意料之中。我說過很多次了，鑄造未來要下苦功，包括很多劇烈的生活變化，像是遷徙到這個國家的另一邊。這時候就需要逆向鑄造了。這套方法的目的，就是讓人覺得這種巨變是可以應對的。你要先找到中途點、再找出前哨站，然後訂出下星期一要做的事。小羅迅速研究了一下她的未來故事，現在要慢下來，協助她採取第一步了。

「妳不必搬家。」我回答：「至少，不必馬上。」

「妳先去參觀，去認識人，去建立人脈。誰曉得？妳或許會發現自己根本不喜歡美國西岸。」

我們具體地討論了怎樣才不會花太多旅費，比方說，留意航空公司的快閃促銷訊息，買到優惠的機票。因為小羅的時間很彈性，可以在離峰時段搭飛機，所以飛去加州的費用沒有她想的那麼貴。接下來，我們腦力激盪，想出幾個她能住的地方，包括去朋友的朋友家借宿。

「我剛剛才想起來，我大學室友的妹妹就住在艾默里維市，」小羅說：「她以前常常來我們宿舍鬼混。我敢說她一定願意收留我幾個晚上。」

小羅下星期一要採取的行動已經愈來愈多了。除了要規畫旅程，她還需要開始在領英和其他職場社群媒體裡列出能幫上忙的專家。學校裡有沒有人認識皮克斯或其他動畫相關企業裡的人呢？就算是龐大的產業裡面也有比較小的團體，大家可能互相認識。

小羅必須要想辦法進入正確的團體，或許她要想想在西岸的時候，可以參加哪些業界的活動。然後她必須準備好問題，這樣有機會見到專家的時候才能請教他們：「你是怎麼開始的？」「你通常一天裡都在做什麼？」「最艱鉅的挑戰是什麼？」「我必須做哪些準備？」

這通電話要結束前，小羅吐露：「我真的以為你會笑我。」她沒看著我，而是專注看著她正在擬的清單，她最後抬起頭說：「這實在太狂了！」

「我認為妳辦得到，」我回覆她：「妳的待辦清單要先出來。這就是妳下星期一要做的事，前哨站就是打點好這趟行程，包括要見哪些人、要參加哪些活動。中途點就是妳見了這些人之後，根據他們的建議去求職。」

「你講得好簡單。」小羅說。

「這不簡單，」我回她：「可是做得到。」

「好的，未來學家，」她朝螢幕揮手：「我會在未來的某個時間點傳訊息給你。」然後通話畫面就沒了。

她履行了承諾，我收到來自未來的訊息

小羅前往未來的道路並不短。她的夢想很遠大，任何大事都需要時間。接下來的一年，我每幾個月就會了解一下她的進度，小羅用這套方法鑄造未來的時候真的有條有理，她找到了能幫忙的人。這些人又協助她聯繫上專家，很多人都大方地撥出時間來讓小羅請益。

她還發現艾默里維市只是西岸的一座小鎮，從洛杉磯到波特蘭這整區都有她感興趣的工作。小羅理解愈多動畫這一行的內情，她發現的動畫世界也遠大於皮克斯。幾乎所有預算中上的電影都需要動畫或特效人員加持，像是修復鏡頭上的小瑕疵、增加背景、改換建築物，他們的投入無遠弗屆。

小羅並沒有因為當下沒獲得滿足或喜悅就退縮，我本來擔心她會打退堂鼓或是失去動力。可是因為她有長程目標，而且每週和每個月都有明確的步驟，所以她更願意下苦功、更願意等待。而且，她對於目前的工作也沒那麼多牢騷了——不再用挖苦的玩笑表示她的未來不值得活。

小羅對建築公司的主管提起她的希望和夢想，也聊到了她採取哪些實現它們的步

驟。她的主管很支持，這點讓我很高興。

「他說他從來不覺得我會久留，」有一次她在聊進度的時候說：「他還說公司裡每個人都知道我註定要做更大的事。」

小羅第二次從加州回來以後，我就愈來愈少她的消息了，不過她爸爸跟我說一切都很好。然後有一天他傳電子郵件來讓我知道小羅找到工作了——不是在皮克斯，而是洛杉磯一家規模小一點的動畫工作室。

幾個月後，我終於收到來自未來的訊息。

「你去看漫威的新電影時，劇終後別急著離開！」小羅說：「看完工作人員的名單，你會在倒數第二家動畫公司的工作人員清單裡看到熟悉的名字喔。是我的名字！太狂了！」

「一點也不狂。」我回信告訴她：「歡迎來到未來。」

就近找到未來的關鍵

小羅的故事讓我們更清楚看到：未來就始於你身處的地方。她的故事也強調了你居住的地方會影響你是什麼樣的人、你會變成什麼樣的人。太多人在做決定的時候都太過消極了，任由別人替他們做決定，沒有認真去找出適合自己個性和志向的城鎮。當我們在思考地點和身分間的關聯時，要考慮到一些地緣吸引力，舉例來說，內向的人可能比較喜歡多山的地形，外向的人則會被海灘吸引。這些當然只是籠統的說法。山上也有喋喋不休的人，海邊也有書蟲。不過，住的地方或多或少會影響你成為什麼樣的人。所以當我在和客戶合作的時候，總會鼓勵他們在思考自己的未來會如何發展時，要想想地點的重要性。

在鑄造未來的過程中，你可以問自己以下這個很重要的問題：你有多重視家庭時間。當然，前提是你和父母、兄弟姊妹等人的關係不錯。如果是這樣，你們又很親密，你可能就不會想要搬到很遠的地方。我尊重這一點——只要你能把這段關係的未來也考慮進去。想到能和父母住在附近，或許他們來訪時還能幫忙照顧你的小孩，感覺很安心。但真的有這麼好嗎？還是說，他們可能沒辦法像你期望般幫這麼多忙，而產生了埋怨和委屈，特別是如果你內心深處知道自己的未來其實在一個離家很遠的地方，那就更委屈了。認真想想你人生中的親密關係，你希望這些關係在未來幾年至幾十年內會如何發展。

另外一件事也同樣實際：你必須想想要租房子，還是擁有自己的家。在全美國，這兩個做法都行得通，不過在某些房價特高的市場裡，買屋會比較難，像是紐約、波士頓和舊金山。就算買得起你的房子，你也要問自己，這符合你未來的職業和生活方式嗎？有些工作讓你常常搬家，有些工作甚至要求你經常遷居，如果你還有個房子要照顧、打點，就會很辛苦，公寓就簡單多了，只要離開前鎖門就好了。

另外還有關於熱情的問題。我有個朋友超迷運動，所有大型體育賽事他都追蹤，有些小型比賽他也不錯過，結果他搬到了康乃迪克州的哈特福，那是美國最大的城市之一，卻沒有自己的球隊。我叫他別去，他不聽，六個月後他辭掉了工作，房子也不租了，直接逃回波士頓。他的例子要教我們什麼？如果你很愛一件事，不管是運動、音樂、健行、劇場，那你住的地方一定要能支持這項熱情。否則，你就會冒險過著悲慘的未來。

最後在考慮地點的時候，還有一個很實在的考量：你多常出遠門？對某些人來說，出遠門是一種熱情，但是對某些職業來說，出遠門是工作的一部分。不管你是哪一種，如果你常常出差，那最好選擇住在能讓你輕鬆往返的地方。你家離大型國際機場的距離就很關鍵了。堪薩斯州的托皮卡生活條件非常好，不過，距離堪薩斯市國際機場一百二十公里遠。

歡樂時光：未來主義簡史

既然談到了地點，我想可以稍微岔題一下，來談談未來主義的起源和演化。我這二十五年生涯中，結識了不少多采多姿、光芒四射的人物。當我想要更深入了解經濟學、政治學或社會科學的時候，我就會向他們求教。若提到未來主義，我就會去找葛瑞格．林熙（Greg Lindsay）。

正式說來，葛瑞格是都市規畫專家，擅長未來城市、未來科技與未來行動力。除此之外，他是我見過最懂未來學歷史的人。他剛好也是這一行最懂穿著的男人——我常說他體現了都市規畫的「都會風」。每次看他，他一定都打著領帶。甚至連他在醫院捧著剛出生的小娃，把合照寄給我的時候，他在照片裡也打著領帶。我們在一起的時候，總是會讓人覺得「這兩個人的組合好奇怪」，葛瑞格穿著訂製西裝和發亮的皮鞋，我穿著牛仔褲、蓄著大鬍子。

我們上次在紐約見面的時候就是這個樣子，我那時候已經開始為這本書進行研究了。葛瑞格之前就和我談過未來主義的起源、我們選擇的職業生涯，但我想要一次搞懂來龍去脈，又特別想聽更多未來主義頗受爭議的黑歷史，也想知道葛瑞格認為未來主義會有什麼未來。葛瑞格的腦袋很不得了。美國有個長壽的問答遊戲電視節目叫做《危險邊緣》，葛瑞格得過兩次總冠軍，他也是唯一在遊戲中沒有被超級電腦華生打敗的人。我們在曼哈頓上東城卡萊爾飯店的白蒙酒吧裡深探未來。

「當我和別人聊起未來主義的歷史，」我先說：「我想大部分的人都很意外，沒料到未來主義剛開始是藝術運動。在二十世紀初，『未來學家』都是指詩人和藝術家。你覺得為什麼未來主義會有這種開場？」

「二十世紀初是個極端且快速變化的時代，」葛瑞格解釋說：「第一次世界大戰剛結束，全世界快速現代化。未來好像就在眼前。由藝術家打先鋒很合理，因為他們在想像一個不同的未來。未來不會延續著平凡單調的過去。未來很新鮮、刺激、充滿希望。」

調酒師在我們面前放了一些堅果，也查看我們的杯子是否空了。

「然後第二次世界大戰之後又有變化。」我塞了一些花生到嘴裡。

「沒錯，那是黑暗時期。」葛瑞格順了順西裝外套：「冷戰期間，未來學家智庫必須想像出核戰以後的未來是什麼樣子——或者是在美蘇『相互保證核子摧毀』之後，更慘的情況是什麼樣子。」

坐在葛瑞格旁邊的女企業家一定聽到了我們的部分對話，她困惑地瞄了葛瑞格一眼，才又繼續和朋友聊天。

「不過在一九五〇和六〇年代那段時間裡，我們看到私人未來學家的興起，」葛瑞格繼續說：「他們開始和大企業合作，提供顧問服務。未來學家的專業就逐漸受到重視。」

「然後托佛勒夫婦出現了。」我微笑著。

「沒錯！」葛瑞格點點頭，被我的熱情逗樂了：「然後托佛勒夫婦出現了。」

艾文．托佛勒和海蒂．托佛勒夫妻讓未來主義遍地開花，把未來主義帶到每個人的家裡。他們在一九七〇年出版了《未來的衝擊》（*Future Shock*）超級暢銷。我小的時候，似乎每個人的爸媽都有一本。我從小就是書呆子，那未來風格的封面非常吸引我。這本書描述了科技加速變化，對文化和企業的影響。這對夫妻甚至還拍了紀錄片，主角不是別人，就是奧森．威爾斯（Orson Welles）。

「你見過他們。」我慫恿葛瑞格多講一點。二〇一〇年，慶祝《未來的衝擊》出版四十週年時，葛瑞格見過這對夫妻，他當時寫了一篇文章說這本書至今仍然適用。

「書裡面有個部分，海蒂提到用舒潔面紙製成衣服，」葛瑞格瞅著天花板：「聽起來有點蠢，可是她說這就是我們現在稱的『快時尚』。平價服飾本來就不打算讓你穿好幾年。他們對於消費者文化的看法到今天都還適用。」

「那你覺得對未來思考來說，為什麼一九八〇年代是個很糟的年代？」我問。

「對，對，」葛瑞格喝了一口馬丁尼之後說：「那是未來主義的黑暗年代。整個學派瓦解成趨勢報告和預測接下來女性服飾的流行顏色，並想出無聊的廣告詞。每個未來學家都想知道接下來有什麼大事，都想當『第一個』說出未來的人。」

葛瑞格搖搖頭繼續說：「未來變成了商品，可以販售，結果大家當然就開始抱持懷疑心態了。」

「我看到下一個變遷在一九九〇年代開始，隨著我們進入二十一世紀。」我說：「個人電腦和網路讓商業活動加速。大家開始看到小型的新創公司很快變大，變成價值數十億美元的企業。組織和企業看到未來的潛力，以及不看未來帶來的威脅。」

「蘇聯和柏林圍牆的倒塌也不容小覷。」葛瑞格點頭說：「在那之前，多數人依然覺得冷戰的停滯狀態會有個明確的結尾……應該是一場核戰。可是當高牆倒塌時，忽然間未來不只一種，還有很多種可能的未來。任何事現在都有可能了。這個世界不會歸於灰燼。未來被解鎖了。」

我們喝完了馬丁尼，下班後的小酌人潮逐漸離開，換成準備要看百老匯歌舞表演的情侶和觀光客。

我伸手拿帳單，並且問：「最後一個問題……未來主義的未來是什麼樣子？」

「啊，每個人都愛問這個問題。」葛瑞格煞有介事地摸摸下巴：「你的答案和我的很相近，不過我可以說說我希望未來主義的未來是什麼樣子。」

「好，請說。」我的好奇心點燃了。

「最終，我認為未來主義不只服務政府、軍方和大型企業，」葛瑞格往後坐，環顧四周：「那是一個讓社群和團體聚在一起展望明天的方式，大家一起想想他們想要活在什麼環境裡。我認為未來主義要服務大眾、市井小民，這樣大家才可以打造自己的未來。」

我臉上露出最燦爛的笑容。

「怎樣？」葛瑞格看到我的笑容有點擔心：「太老套？」

「才不會，我的朋友，」我伸出手，握著他的手，然後拍拍他的肩膀：「你講得非常對，這就是為什麼我要寫這本書。」

在居住地找到未來（伴侶）

我在這章不斷重申，未來始於你身處的地方。小羅必須搬到一個能讓她找到未來的地方。

如果想當伐木工，就要去森林。但這並不表示每個人都要遷徙才能找到未來。有時候你在自己住的地方就能找到未來。

為了說明這一點，我要來談談自己身為未來學家的生涯中遇到比較不愉快的一段經歷。我們現在要討論感情的未來，以及如何找到你未來的伴侶。

在陽光天堂重新開始

我說過自己的手機不時會收到一些快忘掉的舊友發來的簡訊。這一則寫著：「我看到你要來這裡參加活動，我們能聊聊嗎？我請你喝咖啡。」

這則簡訊是茹絲傳的，她在銀行工作，我們以前時常合作，那時我在研究金錢的未來和新興金融科技。我已經很久沒有她的消息了。我知道茹絲正在經歷離婚的過程。我也知道他們的分手搞得非常難看。很遺憾，有時候這些事也會發生在好人身上。這個過程中牽扯到了上大學的兒子、多項資產，以及滿滿的敵意與怨恨。

在雙方共同的朋友之間，茹絲離婚的消息是大家不願意去談論的話題。他們離婚的程序已經拖很久很久了，每次有人提起，總是壞消息，讓人感嘆，也讓所有人都很不安。後來我終於聽說茹絲的狀況好轉了，她找到了一間奧蘭多的公寓，有新工作，而且腳步逐漸站穩了。而我剛好要去奧蘭多演講。

「好！」我在訊息裡說：「地點妳決定。」

只要我活著，我永遠無法適應佛羅里達的濕氣。我這輩子大半時間都在太平洋西北地區，那裡很乾燥。茹絲還記得這點，所以建議我們直接約在飯店的咖啡廳，它就在奧蘭多市區，這樣我就不必走出室外了。我太欣賞茹絲了。

＊＊＊

大廳裡有很多商務人士在握手寒暄、天南地北地聊天，並且不時查看手機。我聽到身邊的人不是在做生意，就是準備做生意，當然還有一般咖啡店裡常聽到的小道消息。有個穿著全套公主裝的六歲小女孩出現在穿西裝的人群裡，看起來就像是忽然瞥見獨角獸一樣。她顯然剛從迪士尼世界玩回來，還輕飄飄、樂陶陶的。

茹絲推開旋轉門，很快就看到我了。

「老布！」她輕輕摟我一下。

我很高興能見到她，不過老實說，她看起來很疲倦。

「嘿，茹絲，」我回她：「謝謝妳在這裡和我碰面，妳好嗎？」

「沒有以前那麼慘，」她回答：「我的痛苦人生，我相信那些不堪的細節你全都聽說了。」

「其實，沒有全部，」我還算老實：「就這裡一點、那裡一點。我聽說妳在奧蘭多有間公寓。」

「是啊，我的套房避風港。」她深呼吸。她說出「避風港」的時候聽起來有點珍惜又有點怨。「沒事，真的。那個地方很棒。」她打起精神說：「小巧別緻。我兒子大衛在佛羅里達大學念書。我喜歡離他近一點。」

「奧蘭多鱷魚樂園好玩嗎？」我問。

「你知道嗎？」茹絲雙掌壓在桌面上：「我不是把你拖來這裡聊這個的。我先去點個咖啡因飲料，然後我們再深入談？」她拿起錢包就往櫃檯衝了。

「好了。」她幾分鐘回來了，放下飲料就說：「事情是這樣的，老布，我經歷了一些事。」

「我覺得這太輕描淡寫了。」我說。

「是啦，沒錯。」她露出真誠的笑容，讓我們兩個都放鬆了一點：「幾週前，我坐在我的小套房裡面想著，很久以來，這是我頭一次思考接下來要怎樣。我的腦海浮現出一個問題。很清楚，我已經很久、很久沒有這麼清楚的感受了。」

「是什麼？」我要她快說。

「愛情生活的未來是什麼？」茹絲說完，停了一分鐘，吹吹她的茶才試探地啜了一口：「還有——愛情、感情、婚姻和性生活的未來是什麼呢？你是未來學家，你一定知道。」

我開始天旋地轉，周遭喋喋不休的生意人忽然讓我很煩。我要說什麼？

「未來學家先生，這就是我的問題。」她現在輕鬆多了，好像她把焦慮感都轉移給我了。她自由了。

而我卻要抓狂了。茹絲顯然已經想了好一陣子。她一直生活在混亂中，這是她脫離現狀的路。我不想出錯。我深呼吸後說：「妳想要我告訴妳感情生活、婚姻生活和性生活的未來？妳是指對一般大眾來說？還是專指妳的未來？」

「好問題，」她說：「我兩個都想知道！」

我啜了一口咖啡，最後承認：「我幫不了妳。」

「什麼？」她搖著頭，但又一副很得意的樣子，好奇怪：「你是說你這個未來學家沒辦法回答我的問題？」

「沒辦法，」我舉起雙手投降說：「我沒辦法幫你。這不是我做的事。我不是這方面的專家。我不知道要從哪裡開始。再說，我也很怕出錯。茹絲，妳剛剛提的是個大問題。」

「我知道這是大哉問，」她的手掌往桌上一拍：「所以我才來問你。如果有人能知道，那就是你了。我們不能用你那套方法嗎？你不能試試看嗎？」她伸出手臂來抓我的手。

「我……」我開口，又低頭看著她瘦骨嶙峋的手。她緊抓的力道強烈，顯出她孤注一擲。但那也是母親的手。我打從心裡認為她擔心我居多，反倒沒有那麼擔心她自己。我抬起頭看著她的臉，從她的表情得到一樣的訊息：「好。」我說完又低下頭。

「你願意？」他問。

「對，」我點頭：「但妳要曉得，我不是這方面的專家，我可以陪妳走這段流程，可是就和所有鑄造未來的案子一樣，我沒有答案。答案要妳去找。」

「我要！」她放開我的手：「我們開始吧！」

「不是現在。」我回答，想讓她慢下來：「我需要一點時間準備，我會在這裡待好幾天參加會議。我們星期五下午在我搭飛機離開之前談一談。我們可以慢慢吃午餐，好好討論。」

「我開心到要炸開來了。」茹絲眉開眼笑。

「我想，這樣很好。」我啜了一口微溫的咖啡，不曉得自己到底蹚了什麼渾水。

請人類學家登場！

我回到旅館房間後，馬上發了一封電子郵件諮詢社會科學家吉娜薇芙・貝爾博士（Dr. Genevieve Bell）。她是社會人類學家、科技專家、未來學家、副總經理與全方位天才。我們以前在英特爾真的是肩並肩在工作（辦公座位很小），一起想辦法讓電腦更人性、更懂情緒、更有意義。

貝爾仍是英特爾的資深研究員與副總經理，她還是澳洲國立大學的教授，她在澳洲坎培拉長大。在資工學院上她的簡介頁提到，她忙著「探索如何把資料科學、設計思考和民族誌結合在一起，開發新的工程方法」與「探討在數據驅動的經濟體和世界裡，身為人類的意義。」

我馬上寫下：「借問一下：愛情、婚姻、感情和性的未來是什麼？還有……希望妳一切安好！」

如我所料，她馬上回信了。

「嗯，你了解我的。」她開頭寫著：「我總是會先從文獻研究著手——羅賓·福克斯（Robin Fox）、大衛·史奈德（David Schneider）、凱絲·威斯頓（Kath Weston）、海倫·費雪（Helen Fisher）。先好好地把一堆人類學家都嚥下去。」這些年來，貝爾總會提供驚人的閱讀清單。總是很有見地，也一直很有趣。

「有了這些基礎之後，」她繼續說：「我想提醒你的客戶，感情、親情、婚姻甚至愛情的運作方式都不一樣。」

「怎麼說？」我問。

「嗯，這些都是不同類型的愛。」她回答。

「有浪漫的愛、家人間的愛、對上帝的愛、對國家的愛，甚至對產品和財產的愛。你在講哪一種？理解這點可以幫助你們形塑未來。只要記得這都在光譜上。」

我懂她的意思。愛情、婚姻、感情和性都在一把浮動的滑尺上，這表示人對它們的定義都不一樣。每一項都是獨立的概念，所以你的定義也獨一無二、專屬於你。近年來，性別和性徵的變動性比較被大眾接受了。每個人如何定義自己的性別或性徵，方式可能天差地遠。感情、愛情、婚姻和性也一樣。

舉例來說，當我對你說出「性」這個字，或是「做愛」或「性關係」，通常你腦中跳出來的畫面就說明了你的性取向——你偏好和什麼人進行性行為。如果我說「婚姻」，也會有同樣的思維。你會看到自己打算或希望結婚的對象類型。範圍再擴大一點，當我說「關係」，你會看到自己經歷過的所有關係。這就是貝爾博士的重點。你可能會看到戀愛關係或你和父母的關係，或你和孩子的關係（如果你有小孩的話）。或者你也會想到你和你的神或宗教的關係。

把這個觀念應用在茹絲身上就很有趣了。因為離婚過程很煩亂，她對愛情、婚姻和關係的理解已經劇烈變動了。因此，她不願意再犯同樣的錯誤，可是她會因此無法想像不一樣的愛情，推導出不一樣的未來嗎？重點在於愛情、關係或性不只一種。茹絲第一次體驗到的愛情很二元，但愛情的未來沒有那麼二元對立。我想這或許可以釋放她的恐懼，讓她解脫，也讓她能為自己想像一個不同且更好的未來。但這對她來說非常具挑戰性，她必須檢視自己是誰，以及她想要的未來。

我們在討論愛情、關係和性的時候，可能會很痛苦煩亂。有人會挖掘出自己的一些事，而這可能會很不舒服，或是還沒做好接納自己的準備。可是，一定要記得：這個過程中沒有正確答案。沒有一定的道路，沒有正確的方式，只有你和自己想要的未來。

接下來的那幾天我都在會議中做簡報、回答問題，會議結束後我準備好要和茹絲討論了。我們決定下午在飯店見面。

猶太姥姥的超能力

「哈囉，老布！」茹絲給我一個大大的擁抱。餐廳空蕩蕩的，商務人士都已經前往別處了。整間餐廳簡直被我們包場了，除了窗邊有對老夫婦還在望著泳池用餐。小孩在池子裡潑水，家長在旁邊曬太陽閒聊。

「好！」茹絲先開口。她好像改頭換面了。原本肩膀低垂，很消沉，現在被一股急切的熱情取代了。

「在我們開始之前，我要提醒你，」我指著自己的光頭和大鬍子：「我根本沒資格和妳討論這件事。我是來幫妳的，可是我不夠格。」

「好了，好了，你說過了。」她揮揮手：「我們要從哪裡開始。快說出我的未來吧。」她假裝瞇著水晶球。

「我拿妳的問題去請教一位人類學家。」我把貝爾博士的洞見和她建議的閱讀清單都傳授給茹絲，也說了這一切都在光譜上，她必須先想清楚自己目前位在何處，未來她想要在哪裡。我們在討論哪一種愛？哪一種性關係？這不是二元的，意思就是不必在這樣或那樣之間二選一。有各種可能，正確的答案取決於她。

「好，這給了我很多功課，」茹絲在我講完以後說：「也開啟了未來的可能。接下來呢？」

「好，第一步就是要問妳自己，妳想要哪一種未來？」我直接展開鑄造未來的流程：「妳必須要能看見自己在想要的未來裡。在這個過程中，妳也可以問問自己，妳想要避開什麼樣的未來，有時也有幫助。」

「哈！」她拍桌子高聲說：「我現在就能回答了，看看我過去二十年的婚姻。其實，這樣講也不對，」她想了一下又說：「不完全那麼糟。最後十年吧。那就是我要避開的。」

我瞥一眼那對銀髮夫婦，背景則是小孩打鬧的泳池。我看著他們慢條斯理吃著沙拉，臉上露出放鬆的微笑。

「這是個很好的起點，但我們需要更多細節。」我繼續說。

「妳想要的未來是什麼？未來的感情關係是什麼樣子？妳想從中得到什麼？」

「我不知道。」茹絲搖搖頭。

「通常我覺得先從找出這個領域的專家開始。」我拿起手機，快速搜尋了「如何打造健康的關係？」網路通常是眾說紛紜。我總是跟大家說，認真的問題不要拿去問網路，可是那天這麼做是意外的合理。以下是我搜尋後找到的結果：

●交友網站說——

互相尊重

信任

誠實

支持

公平

獨立個體

良好的溝通

相處輕鬆

●身心健康網站說——

尊重
平等
安全
信任

●心理雜誌網站說——

尊重
不威脅
信任
支持
誠實
公平
經濟夥伴
共享責任

負責任的教養（如果你想要一起養小孩、養狗、養貓或養魚……）

看完了這些清單，我說：「當妳思考自己想要的未來關係，妳可以從這些地方開始。這都是一段健康的感情關係該有的特質。」

「好，我可以從這裡著手。」茹絲開始抄筆記：「天啊，我上一段感情最後缺了好多項啊。」

「妳以這個為架構，來想想妳想要從未來的愛情、婚姻、性生活中得到什麼。妳必須為自己回答出這些問題，看看那段感情是什麼樣貌。但妳也必須問自己『誰？』。」

「誰？」她說。

「對，妳想要和誰一起發展這段感情？」我小心翼翼地涉入未知的未來學領域。

「那如果答案是『我不知道』呢？」她問我。

「現在不知道沒關係，」我說：「可是如果要我協助妳想清楚接下來會怎樣，妳就必須有答案。妳沒有回答出來之前，我幫不了妳。」

「好，那假設我回答出來了，」茹絲說：「接下來呢？」

「為了讓妳更理解妳的未來，妳必須要想想，生活中有誰可以推動妳前往想要的未來。」我說：「妳的隊友有誰？」

「我的隊友？」她忽然猶豫了。

「通常是家人或朋友，能協助妳實現未來的人。」我繼續說：「妳可以告訴他們妳的未來，他們會支持妳或甚至出手幫忙。」

茹絲不假思索地便說：「就像猶太姥姥！」

「什麼？」我知道茹絲是虔誠的猶太人，但我不知道她在說什麼。

「拜託，老布！」她念了我一下：「猶太姥姥從以前就很會做媒啊，還記得《屋頂上的提琴手》嗎？」

「噢，對耶。」我回她：「我想應該行得通。沒錯，有何不可？所以我再講一遍，妳的隊友就是願意聽妳描述未來、提供指引和支援的人。」

「懂了。」她說：「然後呢？」

「工具和資源，」我回答：「這也可以是人，但通常是可以幫上妳的組織或法規或科技。」

「交友軟體！」茹絲又搶答，好像遊戲裡的參賽者。

「對。」我嘆口氣：「可是，妳看，這就是我為什麼覺得自己幫不上忙。我在網路和交友軟體發達之前就認識我太太了。我哪有資格告訴妳什麼資源最好呢？」

「那就是猶太姥姥！」茹絲興奮地說。

「啥？」

「我想到了猶太教徒的聚會，我們每個禮拜都有活動，就是要把信仰相同的人聚在一起對話。和有共同點的人聊天容易多了。」

「同意。」我說。

「而且這些活動主辦人都是……你猜……就是猶太姥姥！老布，我覺得這個我想通了。接下來呢？」

「專家。」我說：「妳必須找到專家，他們抵達了妳想要的那種未來，也能教妳怎麼去。」

「你知道我接下來要說什麼，對吧？」茹絲笑了。

「我想我知道。」我回答。

「猶太姥姥！」她高聲說：「好，現在我知道我要什麼樣的未來，也知道有哪些助力可以幫我抵達那個未來，」茹絲的熱情完全不減：「然後呢？」

「逆向鑄造。」我說：「現狀和未來之間有個中途點，妳要怎麼抵達中途點？然後再切一半，那就是妳的前哨站。最後，想想妳下星期一要怎麼開始。」

茹絲拚命抄筆記：「我知道你覺得我在說笑，但我沒有。」她坦白說：「我很確定猶太姥姥的超能力可以放進來，我現在懂你的意思了。我知道必須做什麼事了。」

「太棒了，」我說：「還有其他問題嗎？」

「沒。」她蓋上筆蓋，笑靨如花：「我有很多功課，也有很多事情要認真想。而你要去搭飛機。」

我看看時間：「沒錯，我該走了。」

「帳單我來處理。」茹絲起身朝我走來說：「過來讓我抱一下，我要抱緊到你的臉炸開。」

我在回家的航班上回想了我和茹絲的對話。愛情、關係、婚姻的未來，都和人與身處的地方有關，這不意外。茹絲似乎從我們的談話中得到很多靈感。這套方法讓她看清狀況，也提供了她釐清問題的方式。

鑄造未來就是一套架構，讓大家可以看到未來，也知道自己要怎麼做才能抵達未來，這樣就會覺得鑄造未來很可行，不那麼可怕。

給別人感情建議還是讓我非常不自在，可是我一直跟自己說，我不必回答茹絲的問題。我不會預測愛情、關係、婚姻和性生活的未來。我只是提供路線圖。

＊＊＊

我接下來好一陣子沒有茹絲的消息。我自己開業後很忙，我想她也忙於工作和家庭。老實說，我覺得自己不太敢主動聯繫她，詢問她的進度。我不想搞砸，或是把她的情況搞糟。所以有一段時間，什麼都不知道感覺還比較好。再說，那是茹絲的人生。主動詢問別人求職的進度和問起別人的感情生活不一樣。可是我最後還是聯繫她了。

「還不錯，」茹絲用簡訊回我：「我們聊完幫助很大。多謝！（抱）」

回覆只有這樣，不過已經夠了。

又過了幾個月，我還是沒聽到任何下文，從朋友和社群媒體上可以看得出茹絲很活躍，在各地走跳。然後，夏天到了，我忽然收到她的簡訊。

「嘿，老布，不好意思，安靜了一陣子。我大概只是想一個人獨處，但我錯了。我這星期五要去約會。猶太姥姥出擊。哎呀！」簡訊後面有個微笑的表情符號和一個害怕的表情符號。

「很棒。」我馬上回她。

「這是我的前哨站……應該吧……第一次約會（另一個害怕的表情）。你是對的……如果想認識人，你就要去他們所在的地方……我和他是在猶太教聚會裡認識的……義工……祝我好運！」

「祝妳好運！」我回訊。

那整個夏天我都沒有收到任何消息。茹絲從我生活中淡出，我覺得這樣很好。那是她的人生，就應該這樣。我不需要扮演任何角色。我相信如果需要我，茹絲會主動來找我。我沒辦法幫其他忙了，這樣對我來說就夠了。

接著要過節了，我看到幾張照片，茹絲微笑著和同一個男人合照。他和她年紀差不多，髮色黑白相間。我還記得在奧蘭多的那個午後，茹絲的肩頭感覺很沉重，還有疲憊的雙眼。此刻看到茹絲的笑容，還有她對節日的期待，我就心安了。

「太讚了！」我對自己大聲說，然後又繼續做研究了。

快問快答4：讓我們裹足不前的那些事

我們休息一下，把「未來始於你身處之地」的談話應用於你的人生。

對小羅來說，她的身處之地是得打包行囊，橫越美國去尋找自己的未來。對茹絲來說，因為是透過當地猶太姥姥的協助，所以這個地方只需要在奧蘭多周邊尋找就能發現她渴望的未來。

在【快問快答4】，我想要你專心想著自己目前的瓶頸，有什麼障礙擋在你面前，讓你無法抵達渴望的未來？你可以從這章提到的故事和主題裡去思考，像是工作上、感情上碰到什麼阻礙。或者你也能根據前幾章提過的主題，包括目前生活的現狀，還有你想要的財務狀況。或規模也可以小一點——譬如說，你對身體健康有什麼目標，或你想要什麼技巧。

你找出阻礙之後，就可以回答以下問題：

問題一

● **前往未來的阻礙此時在哪裡？**

對某些人來說，這個答案很明顯，而且很聚焦。如果想成為鄉村音樂巨星，你就要去鄉村音樂的故鄉納許維爾。如果想進修海洋生物學，你就要去海岸。有時候，通往未來的道路不只一條。我覺得感情就是這樣。如果你年輕且單身，大城市有很多適合的對象。但是我們從茹絲的故事可以看出來，你也可以在自家後院找到愛情，只要你知道往哪裡找。我想要請你認真想想自己必須去哪裡，才能找到你要的未來。

追加提問

● **這道阻礙是哪來的？**

● **你能不能控制，還是需要未來助力的協助來移除阻礙？**

別忘了細節。你愈能描述這個阻擋你前進未來的事情，克服阻礙就愈容易。

問題二

●哪些未來助力可以協助你克服阻礙？

這是另一個練習鑄造未來的機會。別為了每個項目都要打勾或是計畫要擬得完整而煩惱。可是你要寫下許多種助力：隊友、工具、專家，他們可以在這段旅程中協助你。要記得最基礎的概念。優秀的隊友可以陪你發想，並且提供誠實、有建設性的回饋——或許是以前大學樂團的朋友，她曾經在納許維爾待過一陣子。工具可以提供更深入的資訊——或許是根據你的興趣設定的線上交友軟體，或當地的課程活動。專家曾經做過你想做的事——或許是領英上的海洋學社團，你可以更了解獲得學位之後，有哪些職涯發展方向。用這種方式，想出五種能幫你開闢前程的未來助力。

追加提問

●你有沒有現成的未來助力（隊友、工具、專家）？

這些人應該成為你的團隊，在你的生活中圍繞著你。團隊要在近處，不過工具和專家可以來自任何地方。

問題三

●你可以採取哪些明確的步驟來繞過這道阻礙？

這就是逆向鑄造。我們不需要一個制定完整的計畫。我只希望你能開始鍛鍊這些心智肌肉。

你的中途點是什麼？我們要把規模考量進來。如果實現未來表示你要搬到另一座遙遠的城市，那你要採取的行動就會比較多。如果你在自己的社群裡就能找到自己要的未來，步驟就少了。

別想太多。記得，逆向鑄造的重點是把感覺難得要命的流程，分切成你能掌握的幾個階段。

我剛開始提議小羅搬去加州的時候，她就嚇死了，因為她以為要立刻做這麼大的轉變。事實上，這個流程中有很多步驟，需要好幾個月。我知道這聽起來很嚇人。可是你愈常練習，就會變得愈有耐心，美國的文化經常逼我們要獲得當下的滿足感，但我們會放下這種需求。你會開始享受這趟旅程，理解到這個過程就是一種獎勵了。

追加提問

● **有沒有龐大到你覺得無法移開的阻礙？推得動嗎？**

拯救過去來展望未來

關於未來始於你身處的地方，我還想提一點：當地社區。要怎麼讓你當地的社區有更好的未來？該如何讓身邊的在地人有更好的未來？我自己開業的時候，有很多機會可以協助當地領袖釐清他們想要的未來，不只為他們的組織著想，還考慮到他們所服務的社群。

我通常被徵召的時候都是企業或組織陷入危機時。很少有成功且表現優越的企業執行長會在早上起床的時候說：「咦？我們找個未來學家談談吧！」這種事情發生過一兩次，可是通常企業或個人主動找我的時候，都是他們發現自己沒有準備好面對未來的時候。我在職業生涯中，老早就習慣艱困的對話和緊繃的情勢了。

有一年冬天，我接到密西根休倫湖畔一間小型歷史博物館董事會的電話。有一位董事曾經在科學與歷史博物館的會議上聽我演講。沒錯，真有這種會議，而且我無力拒絕。（你相信嗎？我的婚禮甚至還辦在天文館。）所以當我收到邀請，就二話不說馬上安排行程去大湖區。那年的密西根，冬天來得早。我到的時候地上積雪好幾十公分，那個星期還會再降雪。我那間小旅館的櫃檯經理打趣地要我不必擔心，因為當地的機場除非天氣非常惡劣才會關閉，而在密西根，非常惡劣的定義和其他地方都不一樣。

「可是電視氣象預報說這星期的天氣會很惡劣耶？」我問。

「對啊，」他聳聳肩：「我只是想給你一點希望。」

我不知道要怎麼接話，所以就說：「謝啦，祝你有個美好的一天！」

「好！」他揮揮手。

這座博物館就在湖畔，有個寬廣的露台沿著水岸延伸。這棟建築有兩層樓，前一陣子翻新過，所以外觀很新又很舒服。我和上一任與下一任的董事會主席一起坐在小咖啡館裡。室內很冷，所以我繼續戴著帽子和圍巾，湖畔景色令人屏息。

娜汀是即將上任的主席，她搖著頭說：「我們不知道自己想要什麼。」她就是聽過我演講的人，而且很急著想要在任內讓博物館的未來走上軌道：「我們做的事情太多、太雜了，而且很多都不合理。」

「不合理？」丹溫柔地說，完全沒有要對峙的意思，他就是即將卸任的主席：「博物館的會員數達歷史新高。」

「丹，我就是覺得我們做太多了，」娜汀不放棄地說：「這樣做不長遠。」

顯然娜汀和丹對於博物館的未來有不同的願景。而且，他們兩個人幾乎沒有共同點，這也讓溝通很複雜。

娜汀是當地的不動產仲介與開發商。她的名片上真的寫著「娜汀，不動產機器」。我和這間博物館合作的過程中，從來沒看過她穿著訂製套裝以外的服飾。她很精準、成功、充滿動力。而她的動力就包括了要回饋社區。

丹是植物學家，也是密西根大學的退休教授。他很喜歡穿露趾涼鞋，還有一件老舊的羊毛上衣，上頭繡著科學會議的活動名稱，但是都看不清楚了。我可以看出他花很多時間觀察可愛的林地動物。他對自然、學習與當地社區的熱愛，成了他黃金歲月的目標。

真要說他們兩人的共同點，唯一只有：他們都熱愛當地社區，想要讓未來更好。

「你知道自己想要博物館擁有哪種未來嗎？」我問他們：「更重要的是，你想要為當地社區打造什麼未來？未來始終在人身處的地方。我認為如果能回答這個問題——釐清你們想要給社區的未來，那或許就能幫你們更理解博物館可以扮演的角色。」

「這點很好。」丹點點頭。

「可是我們已經有組織章程了，裡面寫了我們想要的未來，」娜汀說：「我們存在，就是為了保留和分享休倫湖與周邊人事的歷史。」

「這是很棒的起點。」我說。

「那為什麼我們星期一到星期五還要提供日托服務？」娜汀回應說。

「因為我們需要，」丹回覆說：「幼兒日托中心去年倒了，有家庭沒有地方可以托顧孩子。再說，很多媽媽本來就負擔不起幼兒日托中心的費用。」

「可是為社區提供免費的日托服務不在我們的章程裡。」娜汀說。

「我們有空間，」丹指指二樓：「我們有人力——」

「可是這和保存與分享休倫湖的歷史有什麼關聯呢？」娜汀繼續說，口氣愈來愈激動。

丹仍然很鎮定地說：「這與保存我們當地的社區有關。」

「聽起來好像和使命搭不上。」我跳進這場辯論裡。

「所以才會請你來這裡。」娜汀說。

「第一步是請兩位和董事會思考你們想要的未來，發展出你們的願景。」我開口說：「也要談談你們想迴避的未來。接下來我們可以搞清楚博物館的處境。」

「我們要怎麼做？」丹問。

「要從很多步驟開始，」我說：「首先，董事會需要聚在一起，全體認真地鑄造未來。把充滿熱情的人齊聚在一起發展出共同理念，可以發揮強大的力量。」

「這可以安排。」娜汀馬上拿起手機。

「等等，」我說：「我認為妳必須先進行第二步，再進行第一步。」

「那是什麼？」她的目光從手機螢幕上抬起來。

「嗯，通常我會請客戶想像他們身處在自己要的未來裡。然後我會請他們找到能推自己到那個未來去的隊友、工具和專家。不過，以你們的狀況，我認為妳應該先和隊友與專家談談。我也認為你們要聽聽社區的聲音，了解他們需要什麼、想要什麼，這也會很有幫助。」

娜汀和丹都茫然地盯著我，我感覺得出來他們正在消化資訊。

丹最後說：「聽起來工作好多。」

「確實，」我回答道：「可是任何重要的任務都需要下苦功，更何況你們的目標是要為整個社區創造更好的未來。」

「董事會的人不怕苦功。」娜汀說，又看了手機。

「你們兩人、董事會、義工和職員，面前都有個獨一無二的機會，」我說：「很少人有這樣的機會和舞台可以思考未來，並且動手執行。你們現在有優勢可以讓這裡的未來更好。」

對娜汀和丹來說，接下來的幾個月很辛苦，可是他們個別都來告訴我這是長期以來做過最有收穫的工作了。博物館舉辦了很多聽取意見的會議和全員大會，了解社區想要什麼。

當地政府、學校體系、市政服務的代表都來了。他們也辦了有趣的活動給兒童，邀請家長或照顧者一邊吃冰淇淋、喝咖啡，一邊給出意見。

我很佩服他們的熱情與勤奮。娜汀說得沒錯：董事會的人不怕苦功。而且，他們從其他科學與歷史博物館找到隊友和專家，這些人都曾經為了符合自己社區的需求而進步、成長過。這些人到位以後，博物館在逆向鑄造的進度就大幅躍進了。

我在早春的時候回到密西根，那時候去很宜人。空氣終於不冷冽了，野花開始冒出來。

我和娜汀坐在同一間咖啡館裡，看著平靜的湖面，我們在等丹才要開始。隔天上午我會和董事會一起鑄造未來，接著下午會和當地社區再進行一場。

娜汀望著窗外說：「我們還在提供日托服務。」

我問：「這是好事嗎？」

「你知道我是單親媽媽嗎？」她仍看著窗外。

「妳從來沒提過。」我答。

「是啊，」她繼續說：「我不想拿細節來煩你，不過很久以前有很長一段時間，只有我和我兒子。我還要領補助，就和我們在這裡協助的很多媽媽一樣。」

「能幫她們一定感覺很好。」我想讓她多講一點。

「好，也不好，」她繼續說：「好在能提供協助，可是不好在我很重視章程，也很在乎我們博物館應該要有的使命。」她直視我的雙眼：「如果你還沒注意到的話，我很按照規矩來。」

「我注意到了。」我竊笑著。

「我不曉得，我覺得用你的話來說，這樣的未來不搭。」她繼續說：「聽取意見的會議真的幫了我去探索自己想要給社區的未來。老布，跟你說實話，我不確定我們的定位和博物館未來的定位，而我真的很急著想發掘。」

「這樣很棒。」我說。

「這確實是個大機會，」她的視線又回到窗外：「如果做得對，這可能是我們人生中最大的機會。」

「老布！」丹一走進來就大叫。以前丹都很安靜的。他走過來，給我一個大熊抱。他的羊毛上衣寫著英國艾塞克斯大學植物展。

「哈囉，丹，」他放開我之後，我拍拍他的肩膀說：「很高興見到你。」

「我很期待明天，」他說，整個人容光煥發：「娜汀有沒有跟你提過，她做了多少了不起的事？一定沒有——她太謙虛了。好，我來跟你說，這個專案改變了董事會。連結社區，並理解我們想要的未來，給了我們新的宗旨。我們的義工人數創新高。大家真的很想幫忙。」

「那你們已經走到第三步了，搞清楚逆向鑄造的程序就會帶領社區達到大家想去的地方。」我說。

「幸虧有娜汀和她的好點子。」丹說。

「這是個大好機會。」娜汀回應的時候，雙眼仍陷入思緒中：「人群的未來很有力量。」

在當地創造改變

娜汀和丹發現可以為當地社區創造未來是個大好的機會。這項工作會接觸到無數人的生活，包括和你親近的人，像是家人、朋友和摯愛的人。對我個人來說，人生中最心滿意足的時刻就是和我的當地社區一起合作。

有哪些好方法可以參與當地社區呢？以下是我推薦大家考慮的三種路徑：

●當義工

世界上沒有哪個社區不缺人付出時間和精力。可以找一個你願意支持和相信的組織。把義工當成工作，列出你的技能，看看有沒有用得上的地方。舉例來說，假設你會木工，或有專案管理的經驗，有些組織致力於提供評價住宅，那你就可以去找這種組織。如果你有開發的背景，那或許可以參與當地圖書館或社區中心的募款活動。

●投身特定的理想

要和社區裡想法相近的人互動，就靠行動。當然，要挑選一個你有熱情的議題，可能是氣候變遷或教育。社會運動人士經常和義工攜手，不過如果你擔心當義工會占用太多時間，那麼投入一個倡議活動需要的付出比較沒那麼多。

●參選

這個方法的風險比較高，可是你可以為社區創造真實改變的能力就會大很多。第一步是確認你想要哪份公職，想進入哪個政府機關。所有鑄造未來的規則都適用。你把自己的未來寫下來（也就是確認你要選什麼）之後，你需要找到能推動自己前進的隊友、工具和專家。比方說，有個英文的參選網站可以讓用戶搜尋全美國十五萬個民選公職。此外，美國女性選民聯盟（The League of Women Voters）致力於協助女性投入選舉過程。在逆向鑄造的時候，這些都是很寶貴的資源。

接下來：談科技

未來始於你身處的地方，不管你是在找下一份工作，或是尋找此生摯愛，或是為當地社區尋找更好的明天都一樣。我在這本書裡多次提到，未來是人打造出來的。最後關於未來鑄造我還想和你分享一點，它讓很多人心生畏懼。沒錯，該談談科技了。我跟你保證，這次談科技和你過去的經驗都不一樣，不會讓你困惑不安。完全相反。我會讓你看到自己可以如何掌控科技，而這種掌控正是你在開創渴望的未來時最棒的工具。

第6章

科技不能決定未來，你才能

很多人發現我是未來學家的時候，就會想要馬上討論科技。怎麼不會呢？科技在我的定義裡是「務實地應用科學知識」，自從某些有開拓進取精神的穴居人把尖銳的石頭改造成鋤頭之後，科技就一直在驅動人類的發現與發展。在鑄造未來的過程中，科技可能是開創新未來時威力最強大的啟動器。簡單來說，科技讓未來更可能達到。

可惜的是，在人類發展的過程中，科技的力量逐漸勝過了我們對科技的基本認知。科技不再被當作是可以帶來正面改變的力量，而是變成恐懼和慌亂的催化劑。我在二〇〇七年的一天晚上，接受觀眾提問時忽然明白了這一點，這場問答改變了我的一生；關於人類與科技的關係，我的想法也變了。

人海中那個恐懼科技的人

我當時在舊金山市區諾布山上的馬克霍普金斯飯店裡，面對了大約六百名現場觀眾。那時經濟還未見底，不過有些人已經開始緊張了。那時我已經在英特爾工作五年，也參加過很多次公開演講，所以我不會因為現場有六百人就怯場，不過當我看到議程上寫著「任何問題都歡迎」時，還是覺得有點緊張。

前面幾個觀眾的提問在不同主題間跳躍。大家對自駕車都很感興趣，當時自駕車已經感覺沒這麼像科幻小說了；卡內基美隆大學那年才剛讓自駕交通工具在市區穿梭，因而贏得了美國國防高等研究計畫署大獎。

自動化的主題也很熱門，很多問題都圍繞著機器人崛起，逐漸取代人類的現象。過了大約四十五分鐘，我準備要總結了，所以決定接受最後一個問題。會場後方有個男人挑釁地站起來。他的穿著看起來就和住在郊區裡的爸爸差不多，可是他的態度不一樣。就連會場前方的警衛都注意到了。他冷淡地望向舞台，等工作人員遞麥克風。

「你可不可以誠實回答一個問題？」他抓著麥克風，聲音透露著怒意。

「好，當然，」我想要用笑聲讓氣氛輕鬆一點：「我會盡力。」

「你真的由衷相信科技對人類有正面的影響嗎？」這真是個沉重的問題。

「我相信，」我點頭，盡量表現平靜：「我是表態要抱持樂觀的人士。我認為我們應該運用科技讓大家的生活更好。」

「那我們有嗎？」他惱怒的語調讓會場喇叭發出尖銳刺耳的聲音：「我們真的有

嗎？你真的認為科技正讓這個世界更美好嗎？」

警衛開始朝他靠近，緊張情勢很快地升溫，雖然我還不懂他為什麼這麼不高興。

「我當然認為科技『應該』讓大家的生活更好。」我說：「身為未來學家，我一直用這個標準來衡量成功：我們有沒有善用科技來讓大家更快樂、更健康或至少更有生產力？」

我說話的時候，他點頭如搗蒜。我不知道他是在同意我，還是我的話證實了他的憤怒很合理。

警衛已經走到他那一排了，他舉起雙手。

「沒關係，」我趕快說：「讓他把問題問完。」

男子急吸一口氣，然後從口袋裡拿出第一代 iPhone：「這個東西不邪惡嗎？你難道沒看到這些東西對我們的孩子造成的傷害嗎？我女兒現在根本沒辦法好好對話。他們以後要怎麼找工作？他們的未來會是什麼樣子？你能告訴我嗎？」

我終於聽懂他的問題了，或者更精確地來說，是我明白了他問題背後的問題了。他覺得科技傷害了他的女兒，剝奪了他們的未來。當下在他腦中，我這個未來學家要負責，因為我們偷走了孩子的未來，從他身邊偷走了他的小孩。

「所以你認為這項科技在傷害你女兒？」我問。

「是的。」他猛力地點著頭。

全場觀眾都快要坐不住了。他們一下看著台上的我，一下看著會場後方舉著手機的盛怒男子，頭轉個不停。他們不知道是要趕快離開現場，還是要留下來聽我的回答。

「很好。」我對著麥克風大聲說。

這讓男子很意外，事實上全場都沒料到我會這麼說，我真的要認同他的怒意嗎？

「很好，」我暫停一下繼續說：「你很苦惱，因為你相信科技傷害了你的家庭。我們需要更多這樣的聲音。我們需要更多關心孩子幸福與未來的家長。」

男子放鬆了，肩膀上的緊繃感不見了。高舉著手機的那條胳膊慢慢放到身側。他不知道該說什麼或如何回應。

「但讓我們來談談這項科技，」我繼續說：「智慧手機現在還很新，我認為我們還不知道智慧手機好在哪裡、壞在哪裡。我們不知道社會能接納什麼。可是我們要記得：是我們在主導和掌握。我們可以決定要利用任何新科技來做什麼。」

男子可能沒有那麼狂躁了，但我講的話他還是不埋單。

「好，我可以看得出你不相信我，」我繼續推展：「讓我給你一些實例。你們家會在吃飯的時候看電視嗎？」

「不會，我們從來不在吃飯的時候看電視。」他說。

「好，那很棒，」我讓自己振奮起來，觀眾也都恢復正常了：「這就是你身為父親和家庭成員所做出的決定。由你來控制，不是由電視來控制。」

「我猜我懂你的意思。」男子回答，他繼續消化我剛剛說的話，陷入沉思中。

我很急著想提供更多例子，證明科技的存在就是供人使用的工具，比方說，精神疾病用的電玩療法，或是新的金融工具可以減輕貧窮的負擔。事實上，這位先生驚駭地握著那支智慧手機，同時間也被美國軍方用來管理和治療創傷後壓力症候群。醫師、治療師或家屬都不能隨時陪伴在創傷後的軍人身邊，但手機可以。我們與其把智慧手機看成是人與現實生活裡的隔閡，倒不如將它當成是代理的工具，幫我們照顧摯愛的人，或是在他們人生最黑暗的時刻傳遞我們的關懷。這樣一來，科技可以幫助人療癒，我很願意一而再、再而三地向現場這位男子重複這個重點，但有個聲音打斷了我。

活動主持人布蘭達說：「好，很棒，謝謝各位，」她沿著階梯走上舞台，繼續說：「老布，謝謝你的演講，也謝謝你花這麼多時間回答所有的問題，是不是請觀眾再給講者熱烈的掌聲？」

觀眾鼓掌後開始收拾物品準備離開：「很精采！」布蘭達的手臂環著我的肩膀。

「是啊，」我笑說：「最後一個問題很棒。」我環顧演講廳想找到提問的人，不過他已經消失在群眾裡了。

二十一世紀的科技恐懼

舊金山的那個夜晚，改變了我的世界觀和我身為未來學家的工作。我在那一刻發現我對人群有一項很重要的責任，那就是要協助大家理解：科技不能決定未來。決定未來的是人，也就是「你」。這項信念是鑄造未來的基柱，就和「未來是人打造出來的」和「未來始於你身處的地方」一樣。這兩項觀念有點抽象，剛聽到的時候不好懂，可是最終大家都可以理解。

科技觀就更難服眾了。這是因為在二十一世紀，大家對於科技感到強烈的恐懼和焦慮，也不知道科技會如何衝擊我們的生活。我碰過很多人，就和舊金山的這名男子一樣害怕科技會奪取我們的未來，而且，害怕我們對這樣的發展無能為力。過去幾十年來，這種心態變得更加普遍了，因為科技愈來愈複雜。大家覺得自己沒辦法搞懂科技，更不可能駕馭科技。事實上，美國加州查普曼大學最新的年度調查「美國人怕什麼」，總共調查了一千五百名成年美國人，其中每五人就有三人說他們最恐懼的事情和科技有關，分別是網路恐怖主義、企業和政府追蹤個人資訊。

在某種程度上，這確實是科技公司的心願，他們花了數十億美元，創造出複雜的科技，像病毒一樣散播到全世界，顛覆商業、改變文化。很多人都曾這樣對我說過：「感覺就像未來每天來得愈來愈快了」，就像是我們面對著科技海嘯，而我們所認識的世界就要遭殃了。科技公司並不介意，因為科技讓他們可以控制未來的發展。

如果考慮到孩子，那我們的集體恐懼就逼近歇斯底里的狀態了。就像舊金山這名憤怒的中年男子一樣，大家都不知道要怎麼保護生命中最在乎的人。我們在乎孩子的程度甚至超過自己。

我明白。我能理解這名男子的怒意和挫折感。我也明白他為什麼想要怪我。但問題是：這些都不是真相。

科技不會控制未來，那些開發科技的公司也不會控制未來。未來是由人打造出來的，不是科技。沒錯，科技對你的未來會有重大的影響。可是你並非全無縛雞之力。我怎麼知道？因為我們也害怕過。

歷史學家和未來學家走進酒吧

當大家聽到我和歷史學家合作密切的時候，總是很驚訝。他們都以為未來學家和歷史學家是死對頭，就像雖然聖荷西鯊魚隊和紐約噴射機隊，就像羅密歐家族和茱麗葉家族，就像汪星人和喵星人。大家都覺得我們好像是永遠處不來的兩個族群。這實在太離譜了。歷史提供了語言和架構，讓我們討論未來。如果我們要討論科技，就必須先談人類與機器的起源。

在這種辯論中，我最喜歡一個的隊友和對手就是詹姆士．卡洛特（James Carrott），他是歷史學家，也稱自己是個愛唱反調的人，非常喜歡自己反骨的那一面。他非常高大，留著紅色長鬍子，還帶著約翰．藍儂的那種小圓眼鏡。詹姆士研究歷史與文化的交會，以及交會之後如何影響未來。

我曾經在二〇一八年和詹姆斯約在西雅圖他家附近喝啤酒。我除了很欣賞他過人的才智，也很佩服他總是知道哪裡有最好喝的精釀啤酒。那次他帶我們去派克釀酒公司，它就位於全世界知名的派克市場。那裡有很多小店和餐廳，還有魚販，他們喜歡把漁獲扔向毫不留意的遊客。只要點一份新鮮帝王鮭，他們就會在你面前現剖當天清晨才從西雅圖寒冷水域裡捕獲的帝王鮭，然後你就要拎到市場的另一頭結帳，櫃檯的人會用報紙把魚包起來，讓你帶回家。我們被市場裡的聲音、味道、景象完全攫獲之後，就走進了派克酒吧，點了幾杯啤酒。

「過去就是未來的入口匝道。」詹姆士曾在我們剛開始合作的時候對我說過：「歷史其實不會重複，但歷史就是我們用來談論未來的語言。我們沒有其他語言、沒有其他文字可以描述未來會出現什麼。我們會一直拿未來和我們所經歷的過去來比較。」

我當下想要延續這個話題，談談大家對科技的恐懼。我相信這一定不是第一次。過去的科技給了我們什麼教材，讓我們能為明天做更充足的準備，讓我們能更清楚地看見自己的未來？

「科技帶來的焦慮感愈來愈重了，」我先提出：「我碰到很多人都有這種明確又具體的恐懼，他們都覺得科技會形塑他們的未來。或更明確地說，他們覺得科技控制了他們的未來。」

「喔，我完全同意。」他拿下眼鏡心不在焉地擦著，那是他準備要深入思考的起手式：「不管你去哪裡，大家都說因為某個新科技，或因為某個新的科技變革，所以我們的生活不會再和過去一樣了。拜託，我住在西雅圖。這種想法就是在這裡發源的。」

「但以前的人也害怕過的，」我趕緊說：「科技已經存在了——」

「非常非常久。」詹姆士把我的話給說完了：「其實從人類用手斧開始就算了，真的。」

「沒錯，」我說：「可是大家對手斧不會有這種感覺。那不是改變全世界的革新，它只是一項可用的工具。」

「這個問題有一部分是因為廣告，」詹姆士回答說：「科技公司要你相信這些發明都是革新。這比宣傳一項工具很好用更有說服力，也比較吸引人。」

「同意。」我說：「可是你必須承認，今日的科技帶來的焦慮和恐懼比我們過去所見過的情緒反應都還要強烈許多。」

「或許吧，」詹姆士順著我的話說：「但如果你去追蹤這股焦慮感的起源，就會追溯到上個世紀的兩次世界大戰之間的科技發展，在廣島和長崎的原子彈事件達到顛峰。這改變了一切。」

「怎麼說？」我問。

「規模太大了，」詹姆士回答我：「用槍射人是一回事，但是按個按鈕就毀滅所有城市是另一回事。這件事的規模大到人類根本無法理解。」

「科技的規模到現在都還繼續讓人害怕？」我問。

「二十世紀中，大家都很期待科學的奇蹟。」詹姆士繼續說，他把手放在我的面前，動動手指，好像在表演魔術一樣：「當時的人想像著未來有無限可能，科學能解決所有的問題，改變一切。剛開始很美好，可是科技的規模增加了，變得讓人難以掌握。以核分裂來說好了，到底誰真的懂？這些概念太浩瀚了，規模如此龐大，我們根本不懂，所以我們不覺得自己有力量可以控制科技，是科技控制了我們。」

詹姆士說著說著，我想到了數學專家齊斯・德福林博士（Dr. Keith Devlin）。他是史丹佛大學人類科學與科技先進研究所的執行長，出過很多書。但齊斯最喜歡教數學，帶領大家用不同的方式來思考。

他認為大多數人都不懂真正的數學。他曾經解釋過：「數學不是在運算、計算或解方程式，而是一種理解世界的方式，我們這幾個世紀以來已經發現用數學來思考的威力很強大。」*

齊斯說這是「數學思維」，我認為這對我們在思索科技的未來時很有幫助，尤其是我和詹姆士對話的時候。「數學的存在就是一種心理學和社會學的結構，」齊斯說：「做數學運算的時候，你正在做的就是更了解這個世界，你其實是在學習人類的心智如何迎接和理解這個世界。它真的是一面鏡子。所以在某方面來說，數學就是讓你看世界的鏡片。不過更深層意義來說，它是一面觀照自己的鏡子，讓你以抽象又透澈的方式看自己。」

我和詹姆士分享這個觀點，並且說：「我們可以用同樣的概念來理解科技，那就是一個工具，協助我們看世界並了解自己的定位。我們必須記得，居於核心的是人類，而科技最終就是一套方法，讓人用來更理解自己、其他人類和我們的未來。

---

* Keith Devlin, "The Joy of Math: Learning and What it Means To Be Human," interview by Krista Tippett, *On Being*, NPR, September 19, 2013," https://onbeing.org/programs/keith-devlin-the-joy-of-math-learning-and-what-it-means-to-be-human/.

「這確實有助於把科技的規模降到我們能管理的大小，」他說：「把掌控人生命運的權力還給我們。這又是《大憲章》了。」

「啥？」我問。

「你知道呀，一二一五年的《大憲章》，」他一臉寫著：還需要我解釋嗎？「最終這一切都要回到文藝復興。」

「你給我等一下！」我大叫。我可以看到詹姆士要愈鑽愈深了：「我先再加點一輪酒。然後你就可以解釋科學思維的起源了。」

快問快答5：我們來談科技

好，歷史課結束了。我們先按下暫停，釐清你對科技有什麼想法和感覺。我們先調整狀態，等一下有助於我們更深入討論。每個人和科技的關係顯然都很獨特，這和成長過程、童年經驗有關。

就我的例子來說，爸爸是電子工程師，媽媽是資訊科技專員。成長於一九七〇年代。我媽常常把名叫個人電腦的神奇玩意兒帶回家，讓我週末可以胡搞亂搞。我也記得我爸會從雷達實驗室帶回電路圖，然後在餐桌上攤開那張大紙卷。他會沿著電路，解釋每個元件運作的方式。對我來說，就像是聽故事一樣。幾星期之後，他就會把報廢的零件帶回來，讓我拆解，這樣我就能實際理解之前聽到的解說了。你可能馬上就要說，從小我爸媽就栽培我當未來學家了。至少，我爸媽為我灌輸了對科技的喜好，我一輩子感激他們。

那你呢？你對科技的看法是什麼呢？我想要請你在日誌裡寫下以下幾個問題的答案。

問題一

●你的童年記憶裡，科技曾經扮演過什麼重大角色？

這是要請你回想自己和科技過去的關係。我曾經問朋友這個問題，他說出一段很難過的回憶：他曾經拆開遙控車，想知道它運轉的原理，結果被他爸罵浪費錢。可憐的孩子，還花了好幾個星期想要把車子組合回去。他目前就站在比較嫌惡科技那一邊。

對其他人來說，科技打開了驚奇與想像世界的大門。從電玩遊戲到機器人，孩子通常都會愛上科技。我和孩子一起組建機器人的時候，他們經常會想出最奇妙的點子。我看過穿披風或連身衣的機器人，也看過機器人的後腦勺有個切換功能，可以說出好笑和難笑的笑話。我甚至還打造過會放屁的機器人。你真該看看孩子和大人見到機器人執行任務到一半，忽然放屁時哄堂大笑的模樣。對很多人來說，科技可以充滿奇蹟和幽默感。

我們來看看你站在光譜的哪裡。

追加提問

- （從問題一找到的）這段經驗如何形塑你的科技世界觀？
- 它有沒有讓你想要從科技或全世界裡獲得不一樣的東西？
- 你希望自己童年時有什麼樣的科技體驗？

通常我碰到的人可以分成兩群：第一群是希望他們童年的時候能夠接觸更多科技，另一群就希望接觸少一點。如果能談談你童年的經歷，以及長大以後希望當時能有的經歷，會對你很有幫助。

問題二

● 智慧手機的好處與壞處各有哪三項？

這部分的練習是要捕捉你目前對科技的感受。對多數人來說，這不是在「支持、喜歡」科技和「抗拒、討厭」科技之間二選一的問題。智慧手機有讓你喜歡和不喜歡的地方。我們來看清楚你的落點在哪裡。

追加提問

● 對於科技的壞處或好處，你會怪罪或稱讚誰？

● 你和手機的關係這幾年來有何變化？

● 和朋友、父母或孩子聊到手機的時候，你的態度是什麼？

我們和科技的關係都很複雜。科技已經成為生活中不可或缺的一部分了，然而，這個現象並不是現在才如此。五六％的美國人會幫他們的車子取名字。我們把科技擬人化，因為它們在我們的日常作息中比重很大。科技愈複雜，這段關係就愈複雜。

問題三

●未來十年內，自動化對你的職業會造成什麼衝擊？

現在，我們要展望未來。關於機器人和失業的議題，向來不缺乏世界末日情境。我不想過度影響你的回答，但傾向於將這些恐懼視為言過其實。你怎麼想呢？當然，這個答案會因為你的工作類型而不同。哪些因素導致你抱持這些想法呢？

追加提問

●你想要和科技擁有什麼樣的未來？

●你和科技的關係有沒有辦法更好？

●你認為誰有主導權？

為什麼大家對科技這麼焦慮呢？以上的追加問題直搗核心。當中的關鍵就在主控權。這次我不做進一步的分析，只是想再度重申：過去你和科技的關係可能不是由你來控制，就和其他關係一樣。只不過科技在我們的文化中角色過重，所以科技的奧祕會讓人覺得有點可怕。我希望你深入思考自己和科技的關係之後，或許會頭一次發現，其實你才是那個擁有主控權的一方。

科技只是另一種工具

思考科技和它對未來的影響時，必須理解到任何恐懼的感受都不是來自科技本身，而是源起於我們的無力感。我們怕的是科技複雜到自己可能永遠搞不懂。

科技本身沒有力量，它只是一項工具。單從工具的本質來看，它們沒有用處，也不有趣。鋤頭就是鋤頭，只有在你利用它來打造船隻、房屋或兒童推車的時候，它才變得有趣，才會和你產生關聯。工具唯有對人的生活產生影響的時候才有意義。

就像我在舊金山對觀眾說過的，要判斷科技的價值，就要看科技如何觸及大家的生活。如何使用這項科技來改善眾人的生活？更明確來說，你如何運用科技來改善自己的生活？你要怎麼把科技當成工具來實現自己想要的未來，避開不想要的未來？

如果改變自己對科技的思考方式，假若可以記得主導權在人類手中，我們就能朝不同的未來跨出第一步。只要能看見自己在新的未來裡，我們就能把科技單純看成是一項推動自己朝未來邁進的工具。

科技的力量就是要讓人的生活變得更美好，這是我這個未來學家執行所有工作的基石。我永遠在找「以人為本」的方法。這不僅僅是理論，而是我不斷落實的概念。它一直是我心裡用來衡量科技的那把尺。通常，這項概念最適合用在最脆弱無助的人身上——老人和小孩。如果有一項科技可以讓他們更健康、更快樂、更安全，那就有機會成功。讓我來說明這是什麼意思。

被巨山包圍

「我們離開之前，我又看到一個軍校生跳進噴水池裡。」艾爾忽然打破長時間的沉默說。

艾爾的全名是艾爾弗雷多。他自我介紹的時候總是說：「義大利麵白醬的英文就是艾爾弗雷多。」我已經和他共事太久了，從剛聽覺得很好笑，後來覺得很老套，接下來如果沒聽他這樣介紹自己又覺得怪怪的。

「你看到什麼？」我問。艾爾開車，我坐在前座，我們上二十五號公路從科羅拉多泉往北要到丹佛。當時是下午，我在一整天的活動之後闔眼休息了一下。

「抱歉，老布，我吵到你睡覺了嗎？」艾爾問：「我剛剛是說，我要去接你的路上，看到一個軍校生跳進校內噴水池了。」

「喔，那個啊，」我說：「對，就是這個季節，我這趟好像看到三個。」

艾爾和我當時正在美國空軍官校做幾項預測威脅的工作。艾爾在丹佛市區外從事安全研究，順路載我一程到丹佛搭飛機，隔天上午回奧勒岡的家。

回到噴水池話題。每學期到了這時候，高年級學長就會穿著全套軍服在畢業考結束後跳進池子裡。這種歡樂儀式的感染力很強。

車內又安靜下來了，我閉上眼睛，引擎聲很催眠人。艾爾在駕駛座上挪動坐姿，整輛車晃了一下。他塊頭很大，身長和身寬都過人。他在美國特勤局服務了大半輩子，現在是為高科技公司和軍方提供安全研究。

「大個子，還好嗎？」我閉著眼睛問。

「勉強啦，」他說：「我是說不好，但還好。」

「怎麼了？」我問：「要不要換我開？」

「應該要。」他不好意思地說：「我這陣子都沒睡飽。」

「沒問題。」我坐起身：「你開口就好。」

我們停在路邊，交換座位，然後又繼續上路。科羅拉多泉到丹佛之間的景致令人屏息，壯觀的山脊和山巔在金色夕陽餘暉中深懷古意。

「你不睡啊？」我問：「還好嗎？」

「自從兒子被診斷出來以後，我覺得自己的睡眠都沒超過兩小時。」艾爾提起九歲和十二歲的兒子，他們五年前先後在一個月內被診斷出罹患第一型糖尿病。他繼續說：「他們半夜血糖忽高忽低，是我睡眠不足的原因之一，但這部分太太和我還能控制。最近讓我晚上睡不著的主因是擔憂，我很擔心他們的未來。你有什麼想法嗎？」

「天啊，」我吐了一口氣：「我從來沒展望過糖尿病的未來。」

「很好笑，大家一直說五年後會有解藥。」艾爾繼續說：「我前幾天碰到一個人，已經罹患糖尿病三十年了。當我提到大家都保證過五年就好了，對方馬上大笑說，他剛確診的時候大家也是這麼說。」

「呃。」我搖搖頭。

「對啊，沒什麼希望。」艾爾用他的粗手指敲敲儀表板：「但我不是要問你這件事，我知道你不是糖尿病的專家。我想討論的是科技。有什麼新科技可以幫助我的孩子？我想要有能力可以鑄造這個未來。」

「嗯，」我瞄一眼手錶：「還有一小時才到丹佛，我們可以討論看看。」

車外光線漸弱。山脈龐大的黑色剪影落在地平線上。

「我通常會先問：『你想要什麼樣的未來，還有你想避免怎麼樣的未來？』但我想你已經知道了，對吧？」

「對。」艾爾點點頭：「如果沒有解藥，我希望兒子能愈健康愈好。這表示他們要獲得最好、最新的科技來維持身體狀況。」

「目前科技幫上忙了嗎？」

「一直以來都是救星，」艾爾平淡地說：「有血糖儀這項科技。」

「血糖儀？」

「連續血糖監測儀。」他解釋說：「可以即時追蹤他們的血糖值，然後把資訊傳到我的手機。」他拿起手機，打開應用程式給我看。

「哇。」我說。

「還可以直接把精算過的胰島素分量直接放進血糖儀。」

「那很棒。」

「是很棒，」他回答，手摩挲著鬍子：「問題是，我不確定是否還有更好的科技沒用上。」

「錯失恐懼症（FOMO）。」我說。這是科技時代裡很常見的現象，通常是指社群媒體上的青少年，但我們有時也會碰到，尤其關乎孩子的健康和幸福時。

「對。」艾爾同意我：「感覺這超乎自己的控制，好像我在等醫師、保險公司或某個看不到的大型生技公司大發慈悲來拯救我們。」

「我想這就是我們在討論的未來了，」我說：「在這個未來裡，你是當前盡力做到最好，不害怕自己漏掉什麼重要的事。」

他搖搖頭說：「我聽不懂。」

「你想要的未來，就是你現在盡力而為，同時又很放心，因為自己做得很周全，萬無一失。在這個未來裡，你征服了所有未知的未知。」

「或許吧，」他還是不太確定。

「你要的未來分成兩個部分，第一部分是你盡力而為。第二部分是知道自己正在執行所有可用的步驟。對於未知的未知，最難的環節正是它們的不可知。大家想要的是安全感，希望覺得一切在掌控中。」

「沒錯！」艾爾大聲說：「我現在就是沒有這種感覺，很多大企業砸了幾億美元在研發。我要怎麼讓他們融入我們的未來裡？」

「一步一步來，」我說：「我們用鑄造未來的流程。」

天色一片漆黑，要不是已經在薄暮中看過眼前的地景，我們永遠都不知道身邊圍繞著巨山。

「我們知道你要的未來了，」我開始規畫：「你想要確定自己目前盡力而為，也想要感覺自己能掌控這個過程。現在就要找出誰能幫你做這件事。」

「嗯，我們的醫師，還有其他的醫療團隊。」艾爾回答說。

「還有呢？」我逼他繼續想：「記得，我們要擴大範圍。」

「你是說像研究人員和生技公司嗎？」

「對。」我說：「你必須把這個領域裡的人都寫下來。哪些大學？哪些公司？有沒有什麼支持團體或特定的人在分享這些研究？如果你開始打聽，就會更清楚目前發展的現況。」

艾爾拿出紙筆開始記下想法。美國青少年糖尿病研究基金會在他的住處有個地方分會，他已經慢慢開始參與分會的活動了。另外還有佛羅里達的糖尿病研究所基金會，它是全世界唯一百分之百致力於找出糖尿病生物療法的組織。

「糖尿病研究所在細胞移植上有相當驚人的發展，」艾爾說：「可是我真的完全不懂。」

「那你就要搞懂。」我說。

接下來我們開始討論鑄造未來流程裡的工具部分。「就是哪些組織或科技能推動你往想要的未來前進。」我說。

艾爾腦力激盪想了一些。他必須要進行更多研究，不過這時候他發現自己和糖尿病患相處五年之後，已經吸收非常多知識與資訊，這是原本沒有意識到的。他只是從來沒花時間整合這些知識。這在鑄造未來的過程中，我看太多了。人只要留給自己心思空間去思索未來，一切就會開始變得明朗。需要做更多功課，這是一定的，但允許自己去想像這個未來，就是這段旅程中最關鍵的一步。

「最後，找專家。」我對艾爾說：「哪些人以前做過這些事？誰有成功實現過你展望的未來？」

「你這樣問還真巧。」艾爾開始告訴我：「加州有家公司叫做大腳生醫，在胰島素輸送方面做了很多革新。創辦人是計量財務金融界的神童，他的幼子被診斷出罹患第一型糖尿病，因此他就辭了工作，決心讓糖尿病患者與家屬的生活更輕鬆。我一直很想聯繫他們，卻又一直沒時間。」

丹佛市的燈光在遠處閃爍，我們快到這段路的終點了，可是我想在下車前讓艾爾清楚還要做哪些功課。所以我跳到逆向鑄造的部分。

如果艾爾想要未來能完全掌握糖尿病治療的科技與潛在的療法，他的中途點就是要積極參與大腳生醫、糖尿病研究所基金會和各種組織。前哨站就是去聯繫這些團體，看周邊有沒有人認識裡面的人。下星期一要做的事，就是繼續我們在二十五號公路上展開的行動，持續腦力激盪，列出待辦清單。

我們準備下交流道，前往丹佛國際機場了。「你知道嗎，老布，」艾爾說：「這五年來，我從沒對未來這麼有信心。我想今晚真的能好好睡了。至少可以睡到其中一個兒子半夜三點血糖過低之前。」

「艾爾，很高興聽你這樣說。」我說：「不過根據你剛剛介紹的那些科技和糖尿病療法，很快地，你兒子夜裡血糖過低的現象就會是過去式了。」

守護你的未來職力

艾爾透過鑄造未來的流程，把對科技的恐懼轉化為全家最寶貴的資產。他原本覺得自己只能任由科技擺布，現在他有主控權了。他的兒子繼續成長、茁壯，而他甚至正在探索不同的臨床試驗。

艾爾對科技的恐懼，其實和科技完全無關。這股恐懼來自權力和複雜性。我的歷史學家朋友詹姆士說，當規模太龐大時，人就會開始害怕，擔心自己永遠沒辦法理解科技，也憂心科技以人無法控制的方式形塑了自己的人生。

艾爾的恐懼與憤怒就像舊金山那位憤怒的聽眾一樣，來自他對孩子的愛與付出。他知道自己想要與迴避什麼樣的未來。只是不知道怎麼達成，恐懼遮蔽了他的想像。

我們都知道，未來是由人打造出來的，而且未來始於人身處的地方。打造出未來的人，也是平凡人，他們就在某個地方生活與工作。他們正在一個特定的地方和其他人共同打造未來的科技。艾爾的例子顯示，你找得到他們。

我想要每個人都能和科技擁有這種關係。科技是來為人類服務的。科技就是一項工具。對我協助的每個客戶來說，不管是大型跨國公司或是飛機上湊巧坐在我旁邊的乘客，科技就是一項工具，幫忙推動人抵達自己渴望的未來。

當然，有種現象叫做「科技超載」。每年夏天，我都會花一星期的時間爬上胡德山，到一個沒有電和自來水的營區。因為太平洋西北地區的樹林都高聳參天，所以手機在這裡也收不到訊號。這是我一年一度的科技排毒淨化儀式，但其他時間裡，科技無所不在。

職場更是如此。我現在想把大家的注意力轉移到職場上，特別探討讓人畏懼的職場自動化。提到科技，這個主題是最多人向我提起的一種恐懼。他們擔心科技會用某種形式，可能是電腦、器械或機器人來淘汰他們的工作。失眠的人當中，最多人擔心的是失業。

機器會搶走你的工作（嗯……應該算吧）

有人擔心這種世界末日情境來詢問的時候，我通常都會說：如果機器人會搶走你的工作，那你的工作應該爛透了。當頭棒喝，我知道，但這是實話。如果機器真的能取代你，就表示這份工作正把你轉變成一部機器。你不是機器，你是人類。所以這份工作並不重視你的人性，也不把你當人看。

不過，機器人能取代你，表示這份工作可能爛透了，儘管千真萬確，但我也明白你的薪水沒有那麼爛。這一點才是真正的恐懼所在。大家擔心科技取代他們，然後失業。根據美國德州貝勒大學社會學家與研究員保羅．麥勞爾（Paul K. McClure）在二〇一八年的研究指出，比起不恐懼科技的人，科技恐懼症者更容易有焦慮相關的心理問題，也害怕失業，對財務沒有安全感。機器人與人工智慧的進展讓許多美國人更煩惱了。

怎麼會不煩惱呢？確實愈來愈多原本需要人工的工作都已經自動化了。但一定要記得，取代你的不是科技，而是那些經營企業和組織的人。你可以關注他們，看他們做的事、投資標的，以及使用科技節省人員開銷的方式。人力被取代是真的，但這不是現在才發生的事。人類以前也曾經歷過。

迴避末日劫難

如果歷史是我們用來討論未來的語言，那麼或許詹姆士可以協助我們理解該怎麼面對這個可能的未來。能速撥電話給歷史學家真不錯，於是我撥了通電話給他。

「你知道的，我對未來很樂觀。」我先說。

「是，我記得。」詹姆士清清喉嚨準備長談。

「可是有很多力量把大家嚇得要死，讓人對未來很悲觀。」我說：「榜首就是對職場自動化的恐懼。」

「機器人末日情境。」詹姆士高聲說。

「這可能有點極端，」我說：「但沒錯，就是害怕科技讓人失業。」

「這是無法避免的，」詹姆士平淡地說：「從有科技以來，它就一直在取代人類的工作。這就是人類在做的事。我們發明科技和機器來替自己工作。人類真的真的很擅長這件事。」

「但是當我們看向未來，衝擊可能會很大。」我說。

「歷史裡有很多機器取代人工的例子，也造成了重大的經濟和社會衝擊。想想傳奇的奈德・盧德（Ned Ludd），據說他在十八世紀的英國，因為新式紡織機搶走他的工作之後，他就砸毀紡織機。」

「所以才有『盧德分子』這個說法。」我說。

「沒錯。現在，如果有人反對科技，會被稱為盧德分子，就是在向奈德・盧德和其他抗拒機械自動化的人致敬。另一個例子，是來自美國的民間傳說人物約翰・亨利（John Henry）。『約翰・亨利是鋪鐵軌的人……』」詹姆士用男中音唱出古老民謠的歌詞。

美國學童都熟知這個故事。約翰・亨利為了戰勝蒸汽機器，最後的代價是賠上自己的性命。

「跟小學生講這種故事好黑暗。」我反思道。

「確實，但這是很好的教材。」詹姆士回覆我。

「所以我們該怎麼辦？」我問：「如果職場自動化由來已久，未來也沒有逆轉的跡象，那有什麼思維方式可以消除一些恐懼呢？」

「首先，大家必須明白自動化和規模有關。自動化讓企業不但可以降低人力成本，還可以提高生產規模。機器的速度很快，也不會累，還能以人類辦不到的方式進行優化。」

「所有的科技全是如此，」我說：「不管是實體機器或數位科技。工廠、自駕車、人工智慧都是。」

「或甚至是網際網路。」詹姆士同意地說：「很多人因為網路而失去工作，像旅行社職員——現在旅行社職員沒有以前那麼多了。工作自動化的時候，接下來就可以擴大規模，企業會壯大，然後重點來了——因為企業大了，所以對文化和經濟的影響力變得很大，因而相當引人注目。大家就看得到當前正在發生的事、見識到工作消失，所以開始煩惱。」

「所以當我們在思考未來的時候，應該考慮什麼？」我問。

「好吧，首先從一個事實開始，那就是所有工作都不會消失。」詹姆士回答我：「看看所有智慧家庭相關的頭條新聞，你猜有多少職業已經完全遭淘汰了？」

「我放棄。」我說：「多少？」

「只有一個，」詹姆士說：「美國勞動統計局在一九五〇年普查的時候列出了兩百七十項職業，只有一個真的消失了。你要不要猜猜是哪一個？」

「請公布答案。」我說。

「電梯操作員。」詹姆士說：「這是唯一真正消失的工作。事實上，我們能選擇的工作還很多，以後也會一直是這樣。特殊專業的工作、貿易、工藝，以及任何需要人類的工作，比如照顧人或是和人對話。人喜歡人，所以有些工作我們根本不希望用機器代勞。」

「像是當人類？」我想起齊斯·德福林博士的另一句話提到，人應該要花更多時間讓大腦做真正適合它、但電腦不擅長的事，比方說，判斷價值、比喻與類推等等。

「這也讓人類免於核戰。」詹姆士說。

「核戰？」

「冷戰時期，美蘇都信誓旦旦要用核武炸毀對方，蘇聯防空部隊就有個士兵叫做斯坦尼斯拉夫·彼得羅夫（Stanislav Petrov）。一九八三年，他在早期預警指揮中心值班，那時氣氛很緊繃。幾週前，蘇聯才打下一架韓國客機。就在他值班時，系統忽然失控，開始告訴彼得羅夫美國已經朝蘇聯發射了核彈。機器的意思就是第三次世界大戰開打了。」

「全球核戰。」我補充說。

「沒錯，這是大家最害怕的事，」詹姆士繼續說：「彼得羅夫正看著核戰中先制敵的第一次攻擊。不過，重點來了：彼得羅夫沒有反擊。他受過的所有訓練、蘇聯的軍事規章，全部告訴他要反擊，可是他並沒有這麼做。為什麼？因為他知道美國不可能攻擊，它清楚知道蘇聯勢必還擊，所有人都會喪命。他判斷這是假警報，是系統故障，事實也果真如此。他違背命令，拯救了全世界。」

「哇，了不起的故事。」我說。

「這個絕佳的例子也可以說明為什麼有些工作永遠不會交給機器，」詹姆士說：「如果彼得羅夫的工作被自動化了，很可能我們今天都不會在這裡了。」

替工作自動化辯護

決定未來的是人類，不是科技。然而，確實有些機器取代人類工作的例子，這股趨勢未來似乎也不會減速。有些早期的科學期刊對未來提出的警告特別悲觀。

舉例來說，牛津大學的兩名研究員卡爾．貝內迪克特．弗雷（Carl Benedikt Frey）和麥克．奧斯朋（Michael A. Osborne）在二〇一三年發表了〈就業的未來：電腦化最容易影響的工作？〉，他們的結論指出，未來二十年內，目前的工作有五〇％會完全消失。二〇一五年時，另一份由經濟合作暨發展組織所發表的報告則沒有那麼悲觀，他們認為一四%的工作「岌岌可危」。後來這種反烏托邦的未來觀又經過修正，新研究認為自動化其實開創的工作機會比摧毀掉的還多。

在我看來，真相介於這兩種觀點之間。自動化將為某些領域的就業市場帶來好處，但也會對其他領域製造壓力和困擾。同樣地，科技對不同職業的衝擊也不是黑白分明，只有一方是贏家，另一方是輸家。我前陣子去紐約擔任紐約大學客座講師的時候才又想起了這件事。

在我上完課之後，邀請我去的教授金問我能不能和她的家人見面。「你得來跟我女兒愛麗克絲講講道理。」我們從校園走去地鐵站的過程中，她說：「我女兒準備要當會計師。」

「真的？」我問：「她知道會計師的工作快要消失了嗎？」

「我說過了，但她說真的很愛數字，也堅持相信會計師是一份好工作。」

我們到金的公寓之後，我見了她太太喬琪娜、她們的女兒愛麗克絲。一番介紹後，我坐下來和愛麗克絲聊一聊。

「妳媽說妳想當會計師。」我說。

「沒錯！」她笑說：「她八成是派你來跟我講道理的。」

「是啊。」我點頭：「身為未來學家，我必須告訴妳，因為自動化和人工智慧，會計師以後就像以前送牛奶的人和電話接線生一樣。」

「對，我知道，」她說：「這就是為什麼我還副修了系統工程。」

「再講一次？」我說。

「我要當那個把人工智慧和會計學結合在一起的人。我要成為那個終結所有會計師的會計師。」

「哇。」我說。她是對的。會計師事務所都需要雇用會計師來訓練人工智慧。愛麗克絲已經成功鑄造了職場的未來。

「我是喜歡和數字打交道的人。」她補充說：「我一直都想當會計師。」

她根本不需要我的協助。我們一邊走向餐桌，我一邊問她說：「妳考慮過當未來學家嗎？」

愛麗克絲的故事證明，就算會計師之類的職業因為自動化岌岌可危，還是可以永遠不過時。愛麗克絲的策略是我經常提倡的：擁抱革新。表面上，人工智慧對會計師構成生存威脅。但愛麗克絲顛覆了這種想法，讓人工智慧成為職涯發展的工具。

還有其他的策略可以讓你超前部署，避免專業過時。首先，持續學習才是生存之本。資訊不斷在進化。你在自己的專業領域裡，已經追不上最新的發展，我就不在乎你是不是剛從哈佛畢業呢。這就是為什麼你必須將教育當成一輩子努力的事。這不代表你要註冊當全職學生（儘管有時候回到教室對心智確實發揮神奇的作用）。你也可以閱讀和工作相關的書籍，或參加專業人士的聚會。重點在於積極投入快速發展的產業。

你還必須一直擴充新技能。廣泛多元的技能在職場上向來很有價值，尤其是當自動化愈來愈普遍的時候。你可以聚焦在行為技能，因為以人為本的工作最不易受自動化影響。如果你缺乏溝通技巧，包括閱讀和寫作，就去找工作坊或學習團體。如果你欠缺領導技巧，比如激勵團隊成員、化解衝突，就想辦法（或許就是透過擔任義工的方式）培養這些技巧。

最後，記得保有人性。身而為人，做的一切就要以人為核心，這點值得再三重申。無論機器學習變得多麼先進，也不管人工智慧變得多麼複雜，沒有任何東西能取代人與人的交流。

工作時的情緒智商愈高，你就愈不可或缺。幽默感、同理心等特質，以及理解潛藏在人外表行為底下的心理狀態，在將來會變得相當寶貴。我知道不是每個人都擅長與別人相處。不過就算是最內向的人也能找到方法在職場建立新的人脈關係——這對他們長期的就業能力有莫大的好處。

接下來：所有恐懼的起源

科技是眾多未來恐懼的源頭。讀完本章你現在明白這種恐懼毫無根據。只要你從科技手上拿回權力，就擺脫恐懼了。我也很希望在說明鑄造未來的程序時，關於恐懼的部分可以到此為止，不過，這個主題還有相當多要詳述的內容。小羅斯福總統的名言：「我們唯一要恐懼的就是恐懼本身。」或許這句話說得沒錯，可是要正視恐懼的核心並不容易。不過，再難也還是辦得到。就和鑄造未來的所有事一樣，第一步就是動起來。

第7章

我們的暗處

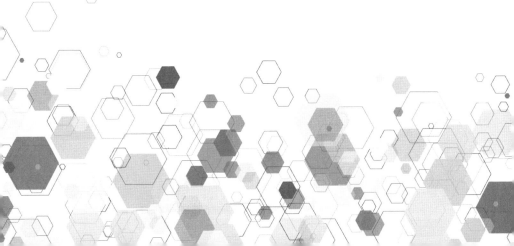

我想換個做法，在本章一開頭就先進行快問快答。這個快問快答的用意，是要承受恐懼——我們人生中最強烈的恐懼。

我們在第2章談到，關於未來，人都害怕未知。這種恐懼可以主宰你的人生，讓你無法靠近自己渴望且應得的未來。我們一起來面對這股恐懼，正面迎擊，讓你看到自己擁有力量可以塑造未來。有了人員、地點和科技，你已經發現了：不但可以想像自己的未來，還能順利達到。你不需要被恐懼嚇到動彈不得，你可以克服它。

我全身上下每個細胞都深信不疑，但也很清楚所有恐懼的成因並非一樣。有些恐懼沒這麼簡單或直接。有些恐懼會讓我們在半夜驚醒，再也無法入眠。這些強烈的生存恐懼常讓人不知所措，覺得無能為力。它們的黑暗，更是難以克服，但我們還是可以用同一套方法找到一線希望，給我們信賴和寄託的力量。

快問快答6：正視恐懼

好，我們開始把以下三個問題的答案都記錄在日誌裡。

問題一

●你人生中最害怕的經歷是什麼？

從九一一恐怖攻擊和新冠肺炎，你我都經歷過一些極悲慘的全球大事。也許你就是在這些事件中，體驗到最強烈的恐懼。或者如果你或摯愛罹患重病確診時，那肯定會激起排山倒海的恐懼。它也可能來自童年的經歷，或許是在人潮中和家人走散了，或是近距離面對流浪動物。暫時停留在這個恐懼特別強烈的時刻，請你描述瀰漫在這種恐懼的一些感受。恐懼固然是核心，但你還記得其他哪些感受嗎？憤怒、困惑、無力、愧疚？盡你所能地去捕捉當下的心思。

追加提問

● **對於同一種體驗，現在的你有什麼感受？**

● **你認為十年後自己對這種體驗有什麼感受？**

花點時間想想，從這個原始事件發生以來，你的感受如何演變？這股恐懼怎麼變形？或許隨著時間變緩和了，也許變得更強烈，就像一直沒治癒的傷口或疾病日漸惡化一樣。你要像回答上述問題一樣，盡量把這段回憶帶來的特定感受和情緒都獨立出來。這個練習做得愈明確具體，效果愈好。

剛剛請你對比現在和過去。接下來我要請你對照現在和明天。關於這個重大的人生經歷，你認為自己能掌握多少？還會沿著同樣的軌跡前進嗎？還是你覺得這個經歷隨著時間而呈現不同的面向？

問題二

● **哪些事會讓你夜不成眠？**

我們一生中的恐懼都會改變。小時候害怕的東西，不同於成年要進入這個世界時所感受到的焦慮。當家長時的煩惱成因，也和進入退休時期的擔憂不一樣。可是我們現在要深究的恐懼，是那種你在客氣交談中不會提出來的。

追加提問

●這個恐懼如何形塑你現在的生活？

●你是否會提防？

●你和別人聊過它嗎？你當時是怎麼敘述的？

我們人生中有很大一部分是被恐懼、焦慮和煩惱所支配。這些情緒剝奪了我們的未來，讓人很脆弱。看清你的恐懼，以及它們可能對你的行動產生多強大的力量，這樣就可以幫你動手去處理這些情緒了。

問題三

●未來最糟會怎樣？

這個問題很重要，在本章的後文會討論。我們在想未來時，思考「最惡劣的情況」是很強大的方法，但很多人覺得這是禁忌。他們不想去思考這些暗處。有些人還覺得有這種念頭很病態，然而，其實利用這些畫面來創造更美好的生活，並不會不健康。

追加提問

- **你覺得自己能不能控制這種情況？**
- **有什麼跡象預示這種陰暗的未來要開始了？**

這就是你開始削弱深層恐懼力量的方式。第一步就是先確認你能控制什麼，就算你能掌控的事很小也無妨。（我們稍後會在本章詳談。）一般在逆向鑄造的過程中，詳細理解它對這個未來發揮的作用很關鍵。走進最幽暗的陰影裡再走出來，可以協助所有人建構更有希望的明天。

眞黑暗，眞是快

我能成為知名的未來學家，其中一項因素就是因為我發明了「預測威脅」的方法，你可能記得我在第3章提過。它正如其名：找出未來的威脅，並擬定策略去處理它們。這些威脅的目標可能針對企業，也或許是國家安全或經濟穩定。我的團隊和我會先找出可能的威脅，再想出最好的方式來中斷、消弭，以及復原。

我和美國陸軍、聯邦緊急事務管理總署，以及許多私人企業進行過預測威脅。我們探討過的未來包括核擴散、人工智慧武器化，還有遇到大規模毀滅性數位武器會是什麼樣子。這項工作非常可怕，但它能賦予力量。

我負責主持亞利桑那州立大學的預測威脅實驗室，而我們的座右銘就是「預見未來，行動培力」，這真的就是我們的目標。它不只要找出可能的黑暗未來，還要提供具體的步驟來避開。

我們在實驗室裡還有一個非官方的座右銘：「真黑暗，真是快」。因為我們的工作就是要盡快確認這些威脅，這樣才能開始改善現況。我去參加派對或烤肉會的時候，若別人問起我的工作，回答通常也是「真黑暗，真是快」。我一開口，有時候就會忘記對多數人來說，平常沒事也不會研究生化武器未來會不會擴散。所以我如果太快就進入太黑暗的話題，就會看到有些人的表情開始變化，他們顯得不安，不斷調整姿勢，然後開始盯著熱狗發呆。對，我就是那種掃興的人。幸好，我通常都能意識到，然後快速把話題轉換到籃球或正在追的戲劇。

儘管我的工作著眼於許多陰暗的未來，不過，有趣的是，很多同事通常也說，我是他們認識的未來學家中最樂觀開朗的。我試著讓他們知道，我的工作是探究這些威脅，但也是要確保它們不會發生。我很積極地讓未來更安全，這樣就不會對明日感到悲觀。

真的讓我害怕的那件事

身為發明了預測威脅的未來學家，我花大量時間在探索恐懼的淵藪，常有人問起我最怕什麼。這個問題我已經回答很多年了。如果是記者或電視名嘴提出來，我通常會說我最怕看到別人放棄打造自己未來的力量。這是真的。當大家放棄想像和打造自己未來的能力時，就不可能有好結果。

但實情不只如此。

近來，出現一個陰暗的未來，真的嚇壞我了。二〇一九年，我的實驗室調查了一種特殊的未來威脅：用科技損害真相。具體來說，我們研究了「假消息」（製造不實言論）、「散播假消息」（在不知道訊息是不實的情況下散播假事實）和「惡意訊息」（分享有關個人、組織相關的隱私或不利資訊想傷害他們）。這三種行為都符合歐洲理事會定義的「資訊失序」。

當一連串的新科技進展可能造成資訊失序時，我們在預測威脅實驗室裡就研究它未來十年內會產生的影響。主要的發現如下：

接下來十年內，人工智慧、機器學習、量子計算和物聯網、智慧城市、海陸空自駕交通工具等科技的發展，都會讓美國的敵人有能力讓資訊失序機械化，以影響、操弄和傷害組織與個人。這些即將問世的資訊失序機器會大範圍鎖定團體和區域。人工智慧和機器學習讓資訊失序機器愈來愈自動化，甚至完全自動化，讓它可以做到即時針對個人調整，攻擊個人的同時也做出大規模的攻擊。資訊失序機器出現的威脅，在於他們能即時做精準投放，又能產生大規模的宏觀效應。這會直接威脅國家與全球的安全，也會威脅美國的未來。*

如我所說，這很可怕。基本上，我們預測威脅後發現，在不遠的將來，敵人、罪犯、企業和幾乎任何人都能以你為目標，創造出為你量身訂製的資訊、新聞和報導。這些資訊可能完全不真實，或是只有一小部分是真實的，但這樣的訊息就能讓你做出平常不會做的事。資訊「失序分子」會點燃你的正義怒火，專挑你最在乎的事來攻擊。他們會持續操弄我們去做出違心的行徑，利用美國境內族裔、政治與文化的嫌隙，讓人互相鬥爭。這些行徑惡劣的人才不管你是支持哪個黨或中間選民，也不在乎你贊成或反對什麼議題。他們只是利用原本會製造分化的事讓我們更加分化，然後彼此廝殺到頭破血流，讓他們漁翁得利。

這是很陰暗的一個未來，但資訊失序讓人反目成仇還不是我最害怕的事。令我畏懼的是大家明知道這個現象，卻沒有採取任何行動來阻止它。我很驚恐，因為有人竟然看到負面的未來即將來臨，非但沒拿出任何作為阻止，還任由它發生。他們奔向這種未來，甚至還帶著別人一起衝。這樣的輕率和殘忍的行為，讓我害怕。人們彼此相殘的世界是我恐懼的暗處。

所以，我要怎麼找到光明？啟發我的人之一，是卡爾．薩根（Carl Sagan）。他是作家、天文學家、宇宙學家、天體物理學家、天體生物學家，能解釋所有科學概念。他在《魔鬼盤據的世界》（*The Demon Haunted World*）提到，身而為人，我們必須理解，在宇宙大戲裡，我們不是主角。你我住的這顆藍色小岩石，並不是宇宙的中心。在浩瀚、令人敬畏的宇宙中，我們居住的地球只能算是邊緣地區。

在這黑暗無垠的虛空裡，我們擁有的就是彼此。我們不能這麼輕率與殘忍。這就是我進入暗處時的作為與想法。寫這本書的原因也是如此。這是我面對自身生存恐懼的方式。一個人接著一個人，一個班級接著一個班級，一場演講接著一場演講，逐漸傳遞光明。你要怎麼在自己的暗處運用這套方法呢？讓我介紹威爾給你認識。

---

* B. Johnson, "Information Disorder Machines: Weaponizing Narrative and the Future of the United States of America," Arizona State University, 2019, https://threatcasting.asu.edu/sites/default/files/2020-07/threatcasting-2019-IDM.pdf.

一般派對裡不會有的對話

太平洋西北地區的夏天快到了。幾個月來陰雨綿綿，天氣終於放晴，冷峭的空氣變得溫暖。那個星期六，我們在朋友的生日會上。一如繼往，現場有食物、音樂、笑鬧，和一連串的卡拉OK。我朋友唱卡拉OK是非常鄭重其事的，細節我就不說了，但他們會連續換很多套衣服，而且派對之前還會認真彩排：〈波希米亞狂想曲〉有人會唱嗎？〈舞后〉呢？我真的不是很擅長卡拉OK。

這些人我已經認識快要二十年了，平常我們根本不會討論工作，聊天的話題都圍繞著運動、小孩、最新八卦，所以威爾把我拉到旁邊的時候，我很意外。「我可以和你到外面講講話嗎？」他壓低聲音但口氣急促，這語調太嚴肅了，不適合週六狂歡夜。

「當然。」我點點頭，跟著他穿越人潮走到外面空蕩的露台。

威爾和我十八年前認識的，他娶了我太太的朋友，多年來我們成了要好的朋友。他在艾達華州雙瀑布郡郊區的農場裡長大。我本身是小鎮男孩，很喜歡聽擠奶、小牛出生之類的田園鄉村故事。他成年之後在大都市工作，從事人力資源和向上管理，但始終沒有失去鄉村的本質。他還會穿牛仔靴，說話也直率不矯情。

我們到了外頭，派對喧鬧聲就聽不清楚了，他說：「不好意思在派對中這麼做，不過……」他低頭看著靴子，然後抬起頭用陰暗、空洞的表情看著我。

「怎麼了？」我有點擔憂地問。我和威爾很熟，我知道一定哪裡不對勁。

「聽我說，嗯，最近我真的很擔心。你很懂的，因為你是未來學家什麼的，所以我想或許可以找你談談。」

「當然。」我聳聳肩：「怎麼了？」

「真的？」他似乎沒想到我想談。「太好了。我真的很感激，但不適合在這裡談。」他朝派對點點頭：「你下禮拜有空嗎？」

「當然。」我回覆他。那時候我已經決定整個夏天都搬到我們週末在北海岸的住處了。

「要不要到海岸那邊？我們可以在那裡討論。」

「好，我可以過去。」威爾點點頭。

「在那裡討論很不錯。」我補充說：「但你現在還好嗎？你確定要等嗎？」

「對。」威爾開始往回走：「和艾曼達或小孩無關，也不是其他事。他們很好，我不想讓你操心。是其他事。我下禮拜再解釋清楚。」

「好。」我把手放在他肩上，我可以感覺得到他很緊繃：「你等一下要唱什麼？」我試著緩和他的心情。

「強尼．凱許的歌。」他回答地很篤定。

世界的盡頭

奧勒岡的北海岸壯觀到令人屏息。一千五百萬年前，奧勒岡州和華盛頓州的邊界發生了劇烈的火山活動。熔岩噴發，沿著哥倫比亞河盆地流淌，逼退了海水，讓海岸線推進了六十多公里。現在，沿海的山脈直接迎向太平洋的冷冽海水。高山和丘陵上布滿蒼翠的鐵杉和高聳的花旗松。就算是冬季暴雪，四季長青的大樹也只不過在嚴峻的風中哆嗦，讓整座森林看起來就像一片洶湧翻騰的翡翠海。

我屋外的海灘寬廣且平坦，因為暴風和大浪的太平洋，沙灘上遍布許多幾公尺寬的樹幹，而樹枝已被沖刷到大海裡了。少了針葉和樹根，這些樹幹看起來就像蒼白、粗陋的骷髏頭。火山岩漿和玄武岩造就出草垛岩和細瘦的針岩，原本屬於海岸山脈的一部分，從不斷翻騰的海水中冒出來，但隨著時間它又被萬能的太平洋侵蝕、磨損、收回去了。往北望，你可以看到蒂拉穆克岩燈塔，當地人稱為「可怕的蒂莉」。他們說如果你遠遠地就能看得到蒂莉，這天天氣一定很好。幾乎整個冬天我們都看不到蒂莉。

我們稱自己的房子是「世界的盡頭」，因為房子就坐落在海濱，眺望著海角。這個名字在冬天的時候特別貼切，因為當冬天的風暴襲來，狂風讓整間房子吱嘎叫個不停，就像一艘大船在苦撐。這個沿海的小社區有種特別的魔力，你必須親身體驗才能完全明白。這種地方很適合散步，並討論未來。

威爾提早到了。我聽到他的卡車停在門口，也聽到靴跟敲在前廊階梯上。門開了，他走進來。

「老布？」他高聲問。

「在這。」我從閣樓下來見他：「隘口那段路好開嗎？」我們通常會這樣問新來的客人。冬天時是關心他們是否被冰雪所誤。夏天這麼問是因為景致棒呆了。

「很美，」威爾回覆說：「路上完全沒人。」

我們聊了一下家庭生活，但我感覺得出來威爾急著想進入主題。只是他不知道怎麼開始。我朋友通常不會和我聊這種事，像威爾這樣的人根本不找我討論未來。

「今天天氣很棒，」我說，指指海岸。外面天空湛藍，沒什麼風：「我們去海邊走走吧？」

「聽起來很不錯。」他點點頭。

潮水滾滾而來，但岸邊還有足夠的空間。就算是夏天，我們這座海灘的人一樣不多。這天是上班日，幾乎沒人。

「怎麼了？」我提醒威爾：「我能幫什麼忙？」

「那個，如果這樣的對話太奇怪，或是我聽起來好像瘋了，你就直說，我會閉嘴。」他一邊走一邊說：「我本來就比較多慮。小時候在農場長大，只要一場寒流或是蟲害就什麼都沒了，所以我覺得這是本性，不過最近變得更嚴重了。」

讓人遺憾的是，威爾所描述的這種焦慮感在現代文化裡愈來愈普遍，尤其是在新冠肺炎爆發之後。根據美國精神疾病聯盟表示，就算是疫情之前，也有四千萬成人飽受某種失調疾病之苦。我不是精神病學家，但我在未來學的工作領域裡，已經觀察到憂慮和懼怕的情緒明顯強烈許多。

「那你究竟在擔心什麼？」我問。

「應該是，全部吧。我覺得這很老套，可是最近只要你打開新聞，就覺得鳥事沒完沒了——戰爭、疫情、野火，各種毒藥自己挑一個吧。」他用靴子踢沙子：「我不是憂鬱，而是比憂鬱症更嚴重。這些煩惱一直在我腦子裡，我沒辦法不想。專心工作變得很難，有時我甚至忘記小孩也在家。你知道這有多恐怖嗎？就好像我快瘋了。」

「多說一點。」

「我小時候會做一樣的噩夢。」他開始說：「你和我都是冷戰時期的產物，所以我相信你可以體會。基本上，在夢裡，核戰一觸即發。我不只是消極地旁觀而已。我是導彈發射戰裡的軍人，準備要啟動彈頭，造成全世界毀滅。而我完全無法阻止。這夢境結合了完全無力感和全面殲滅的結局。我看著世界分崩離析。我一直都有這種感覺，而且沒辦法從這種感受中醒來。」

「哇。」我說：「這很強烈，謝謝你告訴我。」

「拜託，」他提高聲音說：「告訴你又怎樣？光講這些也沒用。我覺得我快瘋了。」他的聲音嘶啞，得用力吞口水。

我把手搭在威爾的肩上，以為這樣可以透過肢體接觸把他從這種狀態抽離出來。他用力甩開我的手臂，那股勁讓我們兩個人都嚇了一跳。

「對不起！」他往旁邊跳開，好像被電擊了一樣。他站在沙灘上，又露出派對裡那種空洞的眼神，那是恐懼與無力的表情，他就站在黑暗深淵的邊界。「兄弟，我要怎麼做？」

我必須先讓他冷靜下來。

「你還好嗎？」我的手舉到身前，但沒有進一步的動作：「如果你想的話，我們可以回屋裡。」

「喔，天啊，」威爾嘆氣說：「對不起，老布……我不是要……靠，這一切都糟透了……」

我認為我能幫上忙。「第一步就是要寫下你想要的未來和想避開的未來，」我順著自己的開場白說：「我知道這聽起來太簡單了，但真的很有用。這套方法有力量。以你的情況來說，我認為應該先從你想避開的未來開始。」

「好。」威爾側眼瞄我。

「你想避開什麼樣的未來？」我問他。

「呃，我剛說了。」他有點不爽。

「好，對，我懂，」我說：「可是我的鑄造未來方法有個重點，就是要愈具體明確愈好。」

「我不知道怎樣才能更具體明確，」他有點氣餒：「不要第三次世界大戰？不要核毀滅？不要死。我不希望這一切瓦解。」

「這是個很好的開始。」我鼓勵他。

我可以從這裡開始，有一種療法叫做「災難對話」，適合用在病患的恐懼很陰暗卻含糊的時候。基本概念就是要請他們想想目前的恐懼，然後詢問：這種未來最讓他們擔心的事是什麼？在這個未來發生的事當中，他們最想要避開的是什麼？等他們盡量具體地回答完之後，再問一次：這種未來讓人擔心的事是什麼？有哪些事情會造成這麼可怕的未來？等他們有了具體的答案之後，再把這些問題問一遍。一直持續到他們答不下去。這時候就表示我們已經探到了憂慮的底，那就是他們想避開的未來。這種對話或詰問自己的過程很有幫助。

於是我用在威爾身上。

「這種未來讓你擔心的是什麼？」我問：「在這個未來發生的事當中，你想避開的是什麼？」

「喔，光想到戰爭就很糟了。」他說。感覺得出來他還是認為我瘋了，或以為我在開他玩笑。

「我知道這個問題聽起來很簡單，」我檢視並說：「但盡量愈具體明確愈好。要想著你和家人。」

「好。」他說完就遙望著海洋好一陣子：「混亂、不確定。我想到戰爭、饑荒或疾病會愈來愈近，我的太太和孩子會受苦。」

「這個未來讓你擔心的事是什麼？」我問：「在這個未來發生的事當中，你想避開的是什麼？」

「戰爭讓所有人陷於險境。」他說：「傳染病威脅全人類。」

「這件事情為什麼讓你煩惱？」我問。

「我們會被攻擊，」他說：「我可能會被殺死。艾曼達和孩子可能會死。」

「為什麼讓你煩惱？」我問。

「死亡，兄弟，我沒辦法阻止！」他大叫，又踢起沙子：「如果我不能避開他們被殺死怎麼辦？如果我先死，然後妻兒孤苦無依，怎麼辦？」

「這真的好可怕。」我想了一下說。

威爾已經探到底了，這就是他想避開的未來。

「這嚇死人了，老兄。」他最後說。

活在死亡邊緣的未來學家

怕死很正常，這股恐懼的威力異常強大。不用說，人類都怕死，但這對我來說還不夠。我身為應用型未來學家的目標，就是要讓大家可以用全新方式看待未來。我想要大家能在不同的未來裡看見自己，並獲得力量來避開黑暗。所以，我花了很多時間和不同的人討論大家心中的暗處，以及面對方式。

運用鑄造未來的方法，我也去尋找專家給大家一個新的架構來思考他們要迴避的未來。就算面對死亡，我們也並非無能為力。這是李察．希爾（Richard Sear）教會我的事，而他是一位生活在死亡邊緣的未來學家。

「我那時候在舊金山飛往聖安東尼奧的班機上，忽然休克了。」李察有一天在晚餐時跟我說：「他們緊急在艾爾帕索降落。我以為這次死定了，真的覺得我玩完了。」

李察可能是最成功的未來學家，只是各位沒聽說過。他的職業生涯都在替大型跨國企業和政府機構擔任顧問。他比我還常在世界各地出差，如果你這本書從前面開始看，就會知道我已經很常出差了。你沒聽過李察的事蹟，是因為他的工作都要保密。他幫這些大型組織規畫十年、二十年、三十年後的未來。

李察在英國長大，是劍橋大學出身的經濟學家。他有大半的職業生涯都在德州，所以說了一口標準的英國腔，還會帶著濃厚的德州鼻音。我從來沒聽過其他人用這種方式說話。

幾年前，李察開始會莫名其妙地休克，嚴重到經常會在急診室失去意識。我還記得在他還診斷不出病情之前，那個狀態很嚇人，因為他永遠不知道什麼時候會發病。因為常出差，所以發病的當下他很有可能不在家，或甚至不在國內。

後來醫生終於查出來了，他罹患一種罕見疾病，稱為重度特發性全身性肥大細胞增生症，肥大細胞會累積在體內器官和組織裡，像是肝臟、胰臟、骨髓和小腸。

「我隨時會休克，」李察告訴我：「所以我出差的時候會隨身攜帶腎上腺素筆和組織胺阻斷劑。但事實上，我隨時會死。我知道這聽起來很扯，但這是真的。這種病症現在也沒辦法解釋。」

「那天在班機上發生什麼事？」我問。

「我察覺到不對勁，因為要休克之前我的手會先腫起來。」他舉起右手說：「我會覺得手指上的婚戒很緊。所以馬上服了高劑量的抗組織胺。我沒告訴任何人，不想讓別人擔心。」

「結果吃了沒用？」我問。

「完全沒用，兄弟，」李察說：「我知道我要嚴陣以待，所以進了洗手間，自己拿腎上腺素筆打了第一劑。等我回到座位上，我知道這次很猛，所以我通知了空服員，說明現在的狀況，讓他去知會機長。幸好機上有醫師，還知道我這種病。」

「真是噩夢一場。」我說。

「對，那次很慘，可是我以前也經歷過。」他說。

我沒料到李察可以這麼冷靜地回憶這件事——休克、緊急降落、瀕臨死亡。他講起來輕描淡寫，好像完全不受困擾。

「後來呢？」我問。

「我不太記得了，」他把故事說完：「那位醫師又拿腎上腺素筆幫我打了一劑，這時候我就失去意識了。我只記得自己在醫院醒來。」

我們繼續吃飯。這件事的衝擊過去了以後，我開始想著，李察是個每天和死亡為伍的未來學家，死亡的威脅緊逼著他，這對未來學家而言代表著什麼意義呢？畢竟他的工作就是拿錢替別人思考未來呀。

「那你怎麼面對？」我問他：「身為未來學家，你對自己的未來有什麼想法？」

「恐懼是很不受控的，」他回答我：「這種對死亡的恐懼可以改變你。這股恐懼就改變了我。它會讓你做出平常不會做的事，如果你不管，就可能會變得很黑暗。」

「你怎麼做？」我身體往前傾：「你和這種恐懼相處好一陣子了，你沒有很陰暗，你對未來並不悲觀。」

「就是取得掌控權，」李察平淡地說：「你會知道就算是在死前，自己還是有掌控權。」

「怎麼說？」

「我在飛機上，很確定自己死定了，就在失去意識之前，我還是知道自己要做什麼。我清空思緒，排除恐懼和驚慌，還有老實跟你說，其實我本來覺得很煩。我氣炸了，兄弟。」他低聲輕笑：「如果我快死了，我也要掌控自己的死法。我在腦中回想一個畫面。我家浴室的鏡子上貼了一張孩子的照片。我在腦中回想那張照片，想著我這輩子最愛的人。」

「這就是你獲得主控權的方式。」我說。

「你只需要那個畫面來集中精神，」他指著太陽穴：「就算在黑暗中，那就是你唯一能看見的東西。」

我不知道要說什麼。他的力量和瀕死狀態的殘酷淒涼，讓我太震驚了。

我只能吐出：「謝謝你告訴我這些。」

「不客氣，」李察繼續說：「不必想得太黑暗。你知道嗎？我其實不想要治好這個病。我想繼續這樣活下去。」

「什麼意思？」我聽不懂。

「因為這個疾病，我變成了更好的人，」他回答說：「真的更好，我是個更好的丈夫，更好的父親。它讓我更接近我的信仰。我不想改變。」

這是好透徹的啟示！即便在死亡邊緣，人還是可以有力量。我們可以專注於此生最愛的人事物。就算要死了，你也可以決定腦中最後的畫面是什麼。

關於死亡和黑暗的未來，我還展開了更多對話。我和李察的那頓晚餐吃完沒過多久，我以前的學生就聊到了她的生命觀。

凝望無底深淵的未來學家

茱莉亞・蘿絲・魏思特（Julia Rose West）是位成功的矽谷未來學家，幾年前是我的學生，我非常以她的成就為榮，當然，我也有點偏心。茱莉亞和研究團隊一起設計未來產品，幫助企業做足準備、面對未來。很多人不曉得，茱莉亞決定當未來學家之前，是個專業的牛仔競技選手。

我們約在舊金山的高檔墨西哥式餐廳，當時是下班時間，所以周圍很吵雜。我們找到最後方一個安靜的角落聊天。

「未來學家的工作不是要預測，」茱莉亞開口說：「我很認真地上滿你的課，所以知道這點。我的工作事業是幫企業和眾人準備好面對未來。不過身為未來學家，有一件事情我可以百分之百篤定地預測出來，那就是人會死。」

「那妳怎麼幫助大家做好準備面對這件事？」我問：「妳是負責思考未來並且幫大家做準備的人，妳會對大家說什麼？」

「我會先說我很在乎這個未知的未來可能會對你和家人、摯愛帶來什麼影響。這很可怕，可是如果你認真想想，然後面對那個最難的問題：『最糟糕的情況會怎樣？』那就能透視死亡了。」

「治療師也適用類似的方式。」我同意她。

「如果你把一個讓你壓力很大的問題拿到面前，然後問自己『最糟糕的情況會怎樣？』通常答案都很類似——失業、離婚、無家可歸，有時候答案更糟，包括死亡。」

「對很多人來說，確實如此。」我說。

「那好，」茱莉亞搓搓雙掌：「死亡很值得思考，所以我們來想一想。如果你死了會怎樣？你來到這世上的時候就知道自己會死。不管你要不要想這件事，要不要承認，這都是事實。你會死。人都難免一死。你會死。只是怎麼死、哪時候死的差別。」

「多數人無法承受這種恐懼，」我說：「他們不知道要從哪裡開始想。」

「想到無法承受的恐懼時，其實有一個方法可以處理，」茱莉亞說：「就拿怕死這件事情來說吧。你要怎麼想這件事呢？如果你面對著可怕的未來，而死亡是其中一種可能性，你可以問自己兩件事：『最糟糕的情況會怎樣？』，以及『我有沒有辦法控制？』」

「有道理。」我說。

「拿飛行來說，你不是機師，你不能控制飛機，但你可以控制搭飛機時的情緒，依此類推，你也可以用這種態度面對死亡。我認為這才是有尊嚴的死法。」

「我之前才和另一個觀念相近的未來學家聊過，」我提起李察的事：「他說人可以控制自己死前最後的畫面。」

「這樣就能控制自己面對死亡的態度了，」她肯定地說：「你拿回主控權，其他的都別煩惱。還有，也要知道你之所以會害怕離開人世，是因為你已經擁有了許多美好的體驗。心繫著那些經歷，感受自己的福氣。這個時候的恐懼、對死亡的擔憂就完全無法和你所有的人生體驗相比了。」

「用這個方式來重新看待恐懼很棒。」我接著說：「你之所以會害怕，或覺得未來很黑暗，其實是在肯定你的人生。這樣的人生觀可以把你從恐懼中拉回來，拿回自己的力量。」

「想想未來，並肯定各種可能的未來，」茱莉亞說：「包含更黑暗的恐懼，這樣一來，你就會有更強的韌性，可以面對突發的未來。相信我，未來有許多挑戰，比如死亡和疾病。但在這個過程中，你將學會重視自己的現在、目前所擁有的生活，珍惜所有的片刻，這樣你不想要的未來情境所帶來的風險就降低了。當你聚焦在未來，今天就更能活在當下，並活出更充實的人生。」

我沒想到這兩位未來學家殊途竟然同歸，給出了一樣的建議。他們的見解清楚易懂。當黑暗的未來讓你不知所措的時候，第一步就是要接納恐懼，探究最糟的狀況是什麼，然後找回你的力量。問問自己能掌控什麼，也認清無法掌控的事。就像茱莉亞說的，如果你不是機師，你不能控制飛機，找出確實能掌控的部分，你就有聚焦和可做的事情了。

在最極端的情況下，像李察，他還是能控制腦中的畫面；也像茱莉亞所說的，你可以帶著尊嚴面對死亡。

黑暗的明日

威爾和我繼續沿著海灘走，我想起了我和李察、茱莉亞的對話。「會害怕其實是好事，」我說：「你看到恐懼，現在還找我談，這都是好事。」

「我可不這麼覺得。」威爾抗議著。

「對於疫情與戰爭之類死亡和災難浩劫的恐懼，很微妙，」我回答他：「這種恐懼之所以力量強大，那是因為你對妻子和孩子的愛與關懷，能理解這點就很好。這是你的燃料。你是擔心失去他們。」

「當然，」威爾馬上接著說：「這我知道。」

「那我問你喔，此刻你和他們建立連結了嗎？你活在當下嗎？不要讓這種對未來的生存恐懼剝奪了你的現在。你愈擔心這些強烈的恐懼，這股力量就會讓你更珍惜今天擁有的一切。明白這點，有助於減輕恐懼，也更能駕馭它。」

「你怎麼知道這一切？」威爾問。

「在這個領域工作會有很多朋友，我們都很認真看待這個議題。」我說：「我們會討論這些事，想想可以幫什麼忙。提到這些恐懼，你就要重視明亮璀璨的今日更勝於黑暗的明日。如果這些黑暗的念頭影響你的健康狀況，就需要找專業人士求助。我沒有這方面的資格。我可以協助你面對未來，但不能處理身心健康問題。」

「懂了。」威爾點點頭：「我沒事。我覺得自己不是臨床上那種憂鬱症，我只是最近比以前更多慮。」

有時候當大家因為強烈的生存恐懼而煩惱時，真正吞噬他們的並不是那股恐懼。這就是為什麼這種黑暗的未來這麼棘手。關鍵通常在於力量，重點在人。

二十一世紀的前面十幾年，我們看到愈來愈多和威爾一樣的中年白人男性陷入憂鬱、成癮或自殺。根據美國疾病管制中心的數據，二〇一七年美國的平均壽命在三年內降低了兩次。主因就是白人男性吸食鴉片類藥物過量，且自殺案件增加。這也是為什麼認清恐懼的根源並採取行動很重要。

「你必須要理解恐懼。」我繼續說：「下一步就是要問自己可以與不能掌控什麼。如果怕死，那就要知道除非你是機師，否則無法控制飛機。你必須要接受這件事，而且要接納你還能掌控自己的思緒。你靠自己的力量不能阻止戰爭，也無法預防這個世界分崩離析。」

「不過，」威爾才開口，卻說不下去。他也不走了。我們站在沙灘上，望著太平洋的碎浪。這段對話很沉重，但海浪聲很療癒：「怎麼知道你能掌控什麼？拿大事來說，像戰爭或經濟衰退。我知道沒辦法掌控這些事，那要從哪裡開始想？」

利用預測威脅的方法趕走常見的恐懼

我認真面對所有的工作，尤其和恐懼相關的部分。畏懼地活著根本不是生活的方式，所以看到別人困在這種思維裡的時候，我會覺得很痛苦。雖然我這麼認真，但有時候還是會放鬆一下。這麼多年來，我發展出一種派對遊戲，稱為「恐懼乾杯」。若是在和老朋友見面的時候玩，效果非常好，但如果氣氛不錯的話，和派對裡剛認識的新朋友也能玩得起來，或許在會議結束後大家相約去小酌的時候都行。

規則很簡單：請一個人說出自己心中最大的恐懼，然後我會帶頭進行威脅預測，讓這個人知道有哪些方法可以脫離這個畏懼的狀態。我要先強調，我總是會謹慎地區別日常的恐懼和深層的恐懼症不一樣，後者需要就醫。

這個遊戲已經揭開過數十種恐懼的面紗了，有些很出人意料：像是害怕婆家、岳家，怕下廚，怕眼神接觸。在恐懼乾杯的遊戲裡，最常出現的主題就是怕上台講話。我後來才知道像我這麼熱愛在一大群人面前高談闊論好幾小時的人，是少數怪胎。

根據評估，公開演講恐懼症影響了七五%的成人。所以我在玩恐懼乾杯的時候會怎麼處理呢？每個人的狀況都不一樣，但我總是會先問同樣的問題：你上台演講的時候想當什麼樣的人？有些人想對許多觀眾說話，有些人則希望能在餐會上致詞。未來定義好之後，我和大家就要開始比賽，看誰能想出最多隊友（通常是朋友和同事）、工具（提詞機軟體或是演講社團）和那個領域的專家（包括他們很欣賞的講者）。在短短幾分鐘之內，通常當事人就會覺得自己沒那麼怕上台演講了。有一次玩恐懼乾杯，讓我印象很深刻，其中一人甚至還對著群眾說了幾句話：「我只想講一件事，」他環顧眾人後說：「謝謝！」就這樣，但迴響熱烈。

恐懼乾杯創造出太多美好的結果了。如果我在機場候機室或飯店大廳和你巧遇，你可以叫我講那個怕蛇的人和動物管理員交往以後克服恐懼的故事。超經典。別害羞，你也可以叫我陪你玩一次恐懼乾杯。只要第一輪你請客，我隨時奉陪。

駕馭噩夢的未來學家

艾莉莎・巴格（Alisha Bhagat）著迷於複雜的系統，整個職業生涯都在學習系統運作的方式，評估系統內部的問題，並且讓系統更好管理。她在卡內基美隆大學主修人類學，後來到印度和斯里蘭卡待了幾年，再前往喬治城大學進修外交碩士。她在美國政府擔任研究分析師的時候，參與過狀況模擬，評估激進社會現象、印度洋安全情勢與中東的水資源等議題。在她的職涯中，著重於人類文化中急迫的議題，並努力創造正面且長期的改變。

艾莉莎很擅長解決複雜的問題，關於人們如何在不知所措的存在問題中找到力量並主導局勢，她有很棒的見解。有一天，我人在西北太平洋地區的書房，她在紐約市的辦公室，我們用電話聊了整個下午。

「我才剛和一個年輕的學生討論完『存在焦慮』，」艾莉莎一開頭就說：「她說氣候變遷帶來的各種影響，讓她不知所措。」

「這確實是個複雜的問題。」我說。

「這個學生不知道該如何是好。為了避開過度消費，她不應該再吃肉了嗎？不能再買新衣服了嗎？她很擔心氣候變遷的影響，同時，又覺得自己做得不夠多，所以相當內疚。」

「人類大腦在這時候就會轉向恐懼。」我說。

「恐懼和愧疚感都會讓人上癮，尤其是兩個搭配在一起的時候。很多人會擔心災難般的未來，可是他們也擔心自己會搞砸日常生活。」

「那妳怎麼跟她說？」我急著問。

「首先，我告訴她『妳不能憑自己的力量阻止氣候變遷，妳必須明白這一點，而且接納這一點』。」艾莉莎回答我：「然後我再告訴她，她必須想清楚她能控制什麼，她有什麼力量，然後採取行動。如果有些小事沒做好，那也無妨，只要振作起來，繼續嘗試。」

「可是妳的學生要怎麼判斷自己在哪些事情上能施力？」我問。

「我們的力量都來自人與人之間的連結。」艾莉莎告訴我：「所以你可以把身邊的人都連起來，你可能會覺得自己無能為力，可是當你往後退一步，看著這個系統，然後自問可以在哪裡發揮影響。你可能會以為自己毫無影響力，可是認真看看你在系統裡的定位。你身邊有誰？」

「未來是人打造出來的。」我附和著。

「就是這樣！」她同意我的話：「把人際關係都畫出來。所有人都住在這個你我連結的生態系統裡。你或許沒辦法直接聯繫上制定政策的最高層官員。可是有地方代表，他們可以連結到決策者。」

「所以不只是你身邊有多少人，」我說：「而是你認識的人又可以連結到其他人，尤其是在我們討論重大議題的時候。」

「是啊，」艾莉莎回答說：「這些連結有力量和作用。現在就開始和你身邊的人一起來影響他們能聯繫上的人。我知道這聽起來很複雜，但我們確實面對著龐大又棘手的問題。用這種方式開始，真的可以看到你正在對自己想避開的未來產生作用。」

「這個論點呼應了鑄造未來的觀念，當你要面對看起來超複雜的任務（像是改變未來），就要把這個過程拆解成更小、更好管理的階段，像幼童學步一樣。」

原以為這樣的對話已經要告一段落了，沒想到艾莉莎忽然補了一句：「我們還要談談噩夢。」

「好啊，」我說：「噩夢怎麼了？」

「我們為什麼會做噩夢？」她開始闡述：「噩夢就是大腦進行壓力測試的方法。做夢的時候，大腦會想出最可怕的狀況，逼你去解決。夢境可能極為嚇人，可是如果把噩夢當成是大腦為我們訓練與做準備的方式，就會有幫助。」

「鍛鍊我們因應可能的黑暗未來。」我說。

「我們可以從噩夢中獲得力量，就像我們從恐懼中獲得力量一樣。」她解釋說：「當你做噩夢的時候，或發現自己陷入生存恐懼，害怕未來，只要退一步這樣想。明白大腦正在幫你做好準備，讓你面對那個可能的未來。」

「所以恐懼不會讓你軟弱，」我說：「恐懼其實會讓你更堅強，可以去面對擔心的事。」

艾莉莎接著把話題轉到了一種非常吸引人的做法，稱為「瑞典式死前斷捨離」。這是一概念就是當人到了一定年紀，接近生命終點前，就開始整理人生，進行斷捨離。這是一種很具體的行動，同時也有深刻的寓意。你要開始聯繫身邊的人，說出你對他們真正的感受，同時開始整理你的擁有物，包括清理儲藏室裡的雜物與清空衣櫥。都八十五歲了，高中畢業舞會的禮服可以處理掉了，以後肯定不會再穿了吧。

這種做法的主要目標就是等你離世以後，不要造成親友的負擔。但艾莉莎認為用意不僅如此，這是一種清除過去包袱的方式，讓人可以具體且有序地回顧人生，得到一些安慰，而不是在人生盡頭感覺到無力。

「我的祖父母根本沒聽過死前斷捨離，可是他們做的事情就是這樣。」她對我說：「他們檢視了人生，一一清理。和恐懼對話，會讓你更堅強。」

「太厲害了！」我說：「而且我想一定很有效。」

「大家不喜歡讓心思陷在黑暗的未來裡，」艾莉莎做出結論：「不過，能想通並且跨越黑暗的未來很棒。不要被黑暗束縛，可是也不要去迴避。駕馭黑暗未來的力量，你就能找到明確的步驟去克服恐懼。」

在無法承受的陰影下找到力量

「鑄造未來那一套方法可以幫你，」我對威爾說：「現在你更深入了解想避開什麼未來了，也知道如果自己袖手旁觀的話，最糟糕的情況會是什麼。要控制這個讓人難以承受的未來，就必須把能幫你的人都列出來。」

「你是說我身邊的人嗎？」他問。

「先從你馬上就能聯繫上的人開始，」我回答他說：「但這不限於你的朋友、家人和同事。為了面對更龐大、更黑暗的未來，你必須去探索：能聯繫上誰？能影響誰？

如果對未來的恐懼和政策或立法有關，就表示你要聯繫市長或當地民意代表。」

「聽起來有點複雜。」威爾回應說。

「是啊！」我輕輕推他一下，我們一起走回我家：「但這個問題就很複雜，你憂慮的一部分是因為覺得這個問題太大了，自己沒辦法處理。我想你就是因為這樣才會來找我聊。」

「你說得沒錯。」他同意。

「這是我會用的方法，」我繼續說：「任何超乎尋常的威脅出現的時候，我都會用這種系統性的方法，挑出比較強烈的恐懼或黑暗的未來，這樣你才能立即採取行動。與其對這個超級複雜的問題發抖，倒不如看清問題的本質、探索參與的人，並開始做點事。我相信你會發現，恐懼已經沒先前這麼可怕了。」

我們沉默地走了一會兒。海鷗在我們頭上盤旋、俯衝，希望我們手上有吃不下的零食，可是我們什麼都沒有。

「好。」威爾點點頭：「我知道要去找誰談談，也知道接下來可以做什麼了。至少，我有個起點了。還有什麼我該知道的嗎？」

「有。要去研究一下有哪些專家曾經碰過你的問題。你可以向他們學習，這可以讓你更明確具體地看到未來。同時，你也需要去找工具和資源，看看哪些科技或政策可以協助你避開不想要的未來。網路很有用，但別忘了當地的政府機關。」

「明白。」威爾又點頭。

「最後，你可以開始逆向鑄造，想想你要怎麼做，才能遠離不想要的未來。」這部分我稍微輕描淡寫一點，因為看得出威爾沒辦法消化這麼多資訊，而且這個主題真的很損耗心神。

「我猜如果能有一點進度的話，我的心境和處境都會好轉。」他同意我的話。

「中途點、前哨站、下星期一。」我說：「哪些事情表示你已經走到一半了？接下來，把這段路砍一半，然後想想你要怎麼到前哨站。最後你現在或下星期一要做什麼？形塑未來就從此刻、此地開始。」

威爾停下步伐，面對海洋，他低頭看看牛仔靴，輕輕地來回踢著沙。我等著。不知道他腦子裡在想什麼，但希望這次散步減緩了他的恐懼。

「我覺得和你聊聊就是我下星期一該做的事，」他最後說：「理解我真的在怕什麼，也認清自己沒有力量改變什麼。我已經覺得有進展了。」他的聲音依然平淡，就事論事。

「那很棒。」我很高興自己幫上忙了。

「對，」威爾又開始往前走：「艾曼達也會很高興。她本來就覺得你很聰明，應該會支持。」

＊＊＊

威爾那天下午開車離開世界的盡頭，我覺得自己給了他一些功課很好。就像我說的，用這套方法就對了。他展開了未來之旅，這就是進展。不過，隨著日子過去，我一直有種感覺，很多人的未來籠罩在生存恐懼中，我應該要給他們更多建議。你在這麼畏懼的狀態下要怎麼一步一步向前行？我沒有好答案，但我知道誰有……

曾進入黑暗中又回來的未來學家

「我寫了一本新書，」道格拉斯．洛西科夫（Douglas Rushkoff）跳到我面前說：「叫做《當下的衝擊》（*Present Shock*），就是在指控未來學家和你們做的事。」我們在奧勒岡州的波特蘭開會，他說到這裡故意停下來，狡猾地看著我，咧嘴笑著說：「拿去，我帶了一本試讀冊給你，我想知道你的意見。」

「太讚了，」我狠狠擁抱他：「我等不及要開始看了！道格，最近好嗎？」

「很好啊。」他說，然後我們整個下午都在敘舊。（接下來那幾天我都在讀他的書，我非常喜歡，但那是另一則故事了。）

我已經認識道格很久了。他是作家，也拍紀錄片，麻省理工學院說他是全世界最有影響力的十大人物之一。但我想到道格的時候，只記得他很擅長以所有正確的理由為出發點，鼓動人心。道格關心人類，所以我們很合拍。

二〇一八年，道格受邀對一群金融經理演講。他們出的演講費高到他無法拒絕。他把這次經驗濃縮在〈富中之富求生術：有錢人打算離我們而去〉文章中。道格提到：

「去年，我受邀到超級奢華的私人度假村演講，我以為觀眾是一百名投資銀行家，那是我目前最高的演講酬勞——大約大學教授年薪的一半，而他們要我談談我對『未來科技』的洞見。」

可是他們不想要談科技，這些有錢有勢的人想討論世界末日：

「最後，有間證券經紀商的執行長解釋說他的地下碉堡已經快蓋好了，他的問題是『我要怎麼在事件發生後，繼續指揮我的維安人力？』」

「他們用『事件』來指稱環境崩壞、社會動盪、核爆、無法阻擋的病毒或機器人攻擊行動等等。」

「這一個問題就花了我快一小時……對這些有錢有勢的人來說，他們不相信自己可以影響未來。」*

---

* Douglas Rushko3, "Survival of the Richest," Medium, July 5, 2018, https://onezero.medium.com/survival-of-the-richest-9ef6cdd0cc1.

所以當我在思考威爾和其他人所恐懼的黑暗未來時，我立刻想到道格。我有天一大早就打電話給他，他正要從郊區離開家搭火車進紐約市區。

「我在輔導我朋友的兒子。」道格一邊走出家門，向家人道別，一邊小聲地對我說話。

「你也會接到這種電話啊？」我湊熱鬧說。

「喔，常常啊，我很願意接這種電話。」他笑說。

道格和我有很多共同點，我們都相信人類的力量，在想著怎麼打造未來的時候，也總會以人為本。

「你是個見過黑暗的未來學家，我想和你聊聊。」我提到他和全世界最有錢的那百分之一的人見面，以及他的文章。「你見過那些人，全世界的錢都在他們手中，可是他們還是會討論最黑暗、最無助的場景。你從那裡走出來了，所以我的問題是：身為未來學家，你會給大家什麼建議？」

「嗯，首先，我不認為自己是未來學家，」道格馬上說：「我其實比較像是現在學家。」

「現在學家？」我卡住了：「這聽起來很像在閃避。」

「對，現在學家。」他繼續說：「我認為，大家用未來學或任何一種未來思考迴避今日的問題。我們討論未來有多棒，這樣就不必管現在有多爛。」（道格說的不是『爛』，他也是個很擅長咒罵的人。）舉例來說，我們可以全都坐在這裡，討論太陽能和風電可以怎麼拯救這個行星，可是很多人開這種會議，只是因為他們不想要讓更多人討論我們一直在燒石油和煤炭，快把環境給搞死了（同樣的，他的原文不是『搞』）。我信任那些願意嘗試的人。但我擔心的是：大家一直討論未來，就忽略了現在可以做什麼了。」

我懂道格的意思了。確實很多人會用未來願景來分散注意力，不重視現在。不過，我不認為這就表示不應該或不能計畫出更好的未來。

「是，也不是，」我同時間贊成，也不同意他：「如果我們不這麼做，如果我們真的在計畫未來，那你就是未來學家，你認同吧？設計出對所有人都更好的未來？」

「嗯，是啊，」道格輕笑著：「但我還是要把自己的論點講清楚。」

「你的論點很好，」我支持著他：「那你這輩子都在讓我們的科技未來更符合人性，你會給大家什麼建議？你能不能讓大家在面對這些黑暗到無法承受的未來時，有一點希望？」

「喔，當然。」道格小聲地說：「我要準備上火車了，所以我會小聲一點。這種對話不太適合在火車上進行。」

「我還是聽得到。」我想叫他趕快說下去。

「好，首先我會跟大家說：去找出你的力量。」他開始回答：「找到你在職場上能施力的地方，然後慢慢來。」

「怎麼說？」我問。

「從簡單但是重要的事情做起。像是在工作的時候或是在消費的時候問自己，你能不能改善一〇%？或許是製造過程中奴工參與度少一〇%的產品，或是減少一〇%的碳排放。或是一〇%更在地的商品。你不需要一口氣改變世界，但需要從一〇%做起。那就是起點，對吧？」

「聽起來辦得到。」我同意。

「就從小處著手，」他繼續說下去：「一〇%是辦得到的，可是你必須堅持把這一〇%做完做好。生存威脅最強大的地方，在於這樣的威脅大到會把你送入負面循環裡，各種糟糕的事情環環相扣，一件接著一件迎面而來，讓你覺得完全施不上力。」

「確實無法招架。」

「不過對我來說，」道格馬上接著說：「愈強烈愈讓人受不了愈好。」
「這是什麼意思？」我聽不懂，但想聽他解釋。
「這股恐懼愈強烈，負面循環愈危險，每個人就有愈多空間可以逃生。」道格說明著：「你能開始動手的部分不只一〇%。問題愈大，我愈興奮，因為能施力的地方愈多，愈容易取得掌控權。」
「那連動手都沒辦法的人要怎麼辦？」
我心想著那些資源有限的人，他們可能連做出一〇%的改變都不行。他們的錢要用來支付醫藥費或房租。
這時電話斷了，我擔心道格進到隧道裡，即將抵達市中心，我就永遠聽不到答案了。不過一分鐘後我的手機就響了。
「嘿，是我。」道格說：「我有什麼建議可以給那些沒有力量的人，或覺得自己沒有力量的人，是嗎？這是你剛剛問的嗎？」
「是！」我大吼著。
「嗯，首先我同意：窮人不在乎未來。他們太煩惱現在了。他們沒有餘裕去思考未來。他們要擠出六美元讓自己這一晚有個遮風避雨的地方。」

「沒錯。」我同意他的話：「那麼如果這些人不知道今晚怎麼生出六美元，或月底之前怎麼擠出三百美元付房租，我們要怎麼賦予他們力量呢？要怎麼教他們面對生存威脅呢？」

「首先，我會對他們說，你現在站著嗎？」道格回我。

「啥？」

「你現在站著嗎？」道格又說了一遍：「如果不是，就站起來，雙腳踩在地上，與肩同寬。如果你的身體沒有基本的安全感，沒辦法有清晰的思緒。先從此刻你是誰開始。持續感受哪些事情很明確篤定、哪些事情是事實。你可以從這裡拓展自己的使命，開始確認你能掌控什麼。就這麼基本。」

「我懂了。」我說。

「就算你一無所有，還是可以確定你在身體裡，也在身處的地方。」道格解釋說：「先從這裡開始，然後找出在最近的未來裡，你能掌控什麼。」

「像什麼？」

「像找出可以平安過夜的六美元，」他火力全開：「這就是你當下的未來。專注在這裡，其他都不想。解決了這個問題之後再看下一件你能影響的是什麼。不要迷失在雜音裡。別讓——」

電話又斷了。我盯著螢幕，希望他再打來。電話響了。

「還有一件事……」道格大聲地說：「喔，我應該不能在火車上大聲講話。可是還有一件事。」

「什麼？」我問。

「當我們想到這些生存威脅，我真的只剩一個建議。如果你發現自己深陷在煩惱裡，一切都無法控制，你可以做一件事。」他說完停了一下。

「是什麼？」我急著問。

「在孩子學校的家長會裡當義工。」他笑著說：「我是認真的。如果這些強烈的煩惱讓你這麼擔心，覺得什麼都無法掌控，好吧，那就去找能掌控的事，去認識社區。面對煩惱，最佳解藥是行動。採取行動，當義工。如果你沒有小孩，就去附近的圖書館當義工。」

「因為未來始於身處的地方！」我呼應著。

「沒錯！」道格高聲說：「如果你真的很擔心末日浩劫，你要做的就是走出去，認識鄰居。他們才是真正重要而且會伸出援手的人。」

「我愛這個觀念。」

「我得下車了，老布，」道格準備掛電話：「我們再找時間聊。」電話掛了，這次不會再響了。我的腦中浮現出道格的名言，他在和超級富豪見面的時候說過：「身為人類，我們求的不是個人的生存或解脫。這是團隊運動。不管人類的未來是什麼，我們都要一起面對。」*

在世界的盡頭發送餅乾

我和我太太在北海岸採納了道格的建議。每年夏季和冬季，我們都會烤一大堆餅乾、包裝好之後送給鄰居。我們在社區裡挨家挨戶敲門，奉上手工餅乾。

你可能覺得這沒什麼，但相信我，這真的很有用。大家都喜歡人。大家都喜歡多認識鄰居。而且都喜歡餅乾！（你還會因此知道他們對哪些食物過敏，如果能給他們特殊口味更好。）

我知道這很傻，可是敦親睦鄰真的有用。這些年來我們和鄰居已經很熟了。我們知道誰喜歡聊天和小鎮八卦。也知道誰比較內向、不愛說話，可是當車子在大雪天拋錨的時候，他們會帶著工具走出來。

如我在本章開頭所說，恐懼圍繞著我們，如果你放任恐懼蔓延，恐懼會支配你的人生。可是克服恐懼的解藥也圍繞著我們，解藥就是眾人。最後我要引用卡爾・薩根在《接觸未來》（*Contact*）的話：「人類是如此渺小的生物，唯有透過愛才能承受浩瀚的宇宙。」

---

* Rushkoff, “Survival of the Richest,” https://onezero.medium.com/survival-of-the-richest-9ef6cddd0cc1.

接下來：結束迴圈

當你翻開這本書的時候，未來模模糊糊、空空洞洞的，你盲目地摸索前進。經過這七個章節，希望未來已經成形了，或至少未來是個你能控制、能定義的實體。我會在第8章教你怎麼把所有元素整合起來，讓你迎接未來的自己。老實說，你在看書的時候就已經在打造未來了，只是不自知。現在正是時候，我們走吧！

第8章

往前鑄造未來

「我始終認為準備面對未來，最好的方式就是完全不計畫。」馬可仕・漢默蘭上校忽然這麼說。我問他：「為什麼？」

我們在紐約的美國西點軍校裡走著。我受邀擔任那年城堡學程的講師。隔天就要向所有新生演講，讓他們知道如何為未來做足準備，在接下來的十年從軍會有什麼意義。這不但是一份殊榮，我還在此行參與了許多場會議、導覽、軍校生圓桌會議和晚宴。在中場休息時，接待我的漢默蘭上校問我想不想在校園裡走走。

「嗯，你想，老布……」漢默蘭遠眺著哈德遜河繼續說，聲音漸弱：「我很好奇你要對軍校生說什麼——關於未來。我自己認為未來計畫根本不值得。」

漢默蘭當了一輩子的軍人。在他成為軍校的策略規畫人員與教授之前，他在裝甲部隊裡，主要負責的——沒錯，就是裝甲坦克。這份經歷讓你可以很了解這位上校。首先，他就是人稱的消防栓——結實、粗厚、就是壯。不過在我看來，消防栓這名號對不起他的體格，消防栓和他相比簡直太細長。他的身形就是適合在坦克裡待命。還有他的聲音。不管漢默蘭說什麼，聽起來都像命令。我和很多裝甲部隊的軍官共事過，我知道這是他們的共同點，在一個小小金屬盒裡面發射大量爆裂物許多年後，聽力都不甚好。若說他們的工作環境非常吵，這可能太輕描淡寫了。

「是的，長官。」我回覆說：「未來遠景和未來計畫很不同。」

「別叫我長官，老布。」他笑說：「你不是軍人，我的名字是馬可仕。」

「是的，長官。」我說：「艾森豪將軍有句名言。」

「計畫沒有用，但計畫過程很重要。」漢默蘭立刻背出來。

「就是這句。」我說。

這句話引自一九五七年的演講，艾森豪一開場就說：「我說這個故事是為了說明我很久以前在軍中聽到的一句話：計畫沒有用，但計畫過程很重要。這兩者非常不同。因為當你為了緊急情況做計畫的時候，你必須從這一件事開始：『緊急』情況的定義就是意料之外，所以緊急狀況的發展不會如你的計畫。」*

「這些年輕軍校生必須理解到未來非常複雜，」漢默蘭說：「他們不能老是認為

---

* Federal Register Division, National Archives and Records Service, and General Services Administration, *Public Papers of the Presidents of the United States: Dwight D. Eisenhower*, "Remarks at the National Defense Executive Reserve Conference, November 14, 1957", 818, https://babel.hathitrust.org/cgi/pt?id=miua.4728417.1957.001&view=1up&seq=858.

有一件事將會發生，結果來的卻是忽然出現、又讓他們措手不及的另一件事。這樣說得通嗎？」

「我明白你的意思，」我接著說：「但我認為你可以換個角度來看。身為未來學家，至少我的看法不一樣。」

「怎麼說？」他問。

「你永遠都要有未來遠景。」我解釋著：「我們知道所有偉大的發展剛開始都是想像出來的。軍隊是如此，平民生活也是如此。看見未來才能完成目標。」

「我正在聽。」漢默蘭點點頭。

「況且，你能看見自己的未來，就能擬出抵達目標的計畫。這就是我和個人與企業一直在做的事。」

「對，嗯，但我不同意的還是計畫的部分。」上校想插話。

「我明白。」我繼續沿著自己的脈絡說下去：「但計畫很重要，因為你為了達到未來，就必須做出計畫。計畫就是展望未來，並且想辦法抵達未來的行動。計畫可能會改變——」

「計畫一定會改變。」漢默蘭低聲轟鳴說。

「沒錯，計畫會改變，因為我們的人生一直在變。人類是一個會活動的物種。改變沒關係，這只表示我們一直在檢討。你必須持續做計畫。只要你一直展望未來、計畫未來，一切才會發展。」

漢默蘭點點頭：「因為當事情改變的時候，你已經準備好了。」

我說：「不但如此，一旦環境變化，造成的影響也不大，因為你已經在調適、計畫、往前進了。變化會讓你覺得很正常。」

午後的陽光躲在雲層後面，所以氣溫略降，走在西點軍校的校園裡會讓人肅然起敬，擾亂你的思緒，若是喜歡歷史的人更是無法自持。當我和漢默蘭在小徑上散步，我知道我們很有可能正踏著艾森豪的足跡。喬治·華盛頓也走過這條路。這個念頭讓我有點頭暈。

「這不就是西岸那些瘋子常講的話嗎？」漢默蘭說：「重要的是旅程，不是終點。」他剛才的討論中略刁難我，但現在語氣和緩了。

「這句話不是我說的，長官。」我回答：「不過沒錯，我覺得這句話在這裡也仍然講得通。」

「老布，我說過別叫我長官了，叫我馬可仕。」

「是的，長官。」我微笑著。

「來吧，」他說：「我們回到會館去。我必須在一小時內護送你到晚宴會場。」

兜了一圈回到原點

這本書的旅程即將來到終點，我想起和上校的這段對話，因為這段話捕捉到了鑄造未來過程中相當關鍵的最後一課：這套方法不只是一種策略，還是一種生活方式。多數人或企業、組織都會帶著他們最關注的問題來找我，尋找解決方式（可能是想換工作、運用某種創新或是為全球化做足準備）。

我的第一項任務就是看著他們走完鑄造未來的流程，但只有在說服他們為下一項挑戰鑄造未來的時候，我才會認為自己的任務終了。

還記得電影《大亨遊戲》裡亞歷．鮑德溫看著他的銷售團隊一敗塗地，便決定傳授他的業務心法嗎？他說一定要成交。好，對我來說，我的心法就是一定要鑄造未來。

這真的就是一種生活風格。

對很多人來說，未來就像是一個盲點，那是他們看不到也無法改變的。鑄造未來就是移除眼罩，再也不戴回去。這套方法會給人龐大的力量，因為透過這套方法，你會發現今天就可以開始採取必要的行動來塑造明天。

我在這行做了二十五年，知道大家看清楚步驟之後會多麼迫不及待地想要展開行動。不過真正的突破，是他們發現這套方法可以一次又一次地反覆進行時，這就像解開一個人生最大祕密一樣。

你在閱讀這本書的時候，就是在連結更強大的力量，同時往後退一步，觀看在浩瀚的宇宙中事情可以往哪裡發展，看出所有的可能性。然而，追根究柢，開創未來還是取決於你日常生活的過程。這種連結更強烈，因為你知道星期一、星期二、星期三要做什麼，真的可以心想事成。

我希望你再也不會認為未來比你更強大，再也不會覺得未來很巨大、很可怕、很黑暗，就像個未知的深淵。只要按照鑄造未來的方法，你不只會覺得可以開創出自己想要的未來，還會持續運用這套方式來打造未來。未來沒有被寫死。像我和你這樣的人，一天又一天都在創造未來、重新打造未來。

為了更強調這一點，我回頭找書中提過的人，想看看他們的表現，也想知道他們會給準備要鑄造未來的人哪些建議。

爲什麼鑄造未來就像烹飪

我很幸運地立刻聯繫上蘇珊，我們在第3章介紹過這位在芝加哥工作的行銷主管，她利用鑄造未來的方法來創新、塑造職涯。她做得很好，對自己的新道路很滿意，持續協助女性領導的新創公司找出意義與成長。我想了解她的近況，也想知道她是否找到方法，把鑄造未來融進更寬廣的人生裡。

剛好蘇珊要去美國西岸，所以她提議要順道來訪。我們從我家走到海邊。那天下午接近傍晚，海灘明亮而平坦，橙色的陽光在海上閃爍，海浪拍打沙灘，形成細緻的泡沫。海鷗迅速劃過天際，在慵懶地滑翔之後，掠過開闊的水域。

「妳經歷過整套流程了，覺得鑄造未來這套方法怎麼樣？」我問蘇珊：「妳的未來遠景是否改變？」

「你知道嗎，老布，」她開始說：「我向別人提到這套方法的時候，通常都會說它就像烹飪一樣。」

「烹飪？」我驚訝地說：「真有趣，妳沒跟我講過。」

「對。」她繼續說，聲音聽起來很開心：「我花了很多年才曉得烹飪不是針對一道菜去找出最厲害的食譜。它的重點在學習與培養技巧、對工具愈來愈熟練，以及知道不同的味道如何結合在一起。最重要的，還有找到自己的味蕾喜歡什麼味道。」

「說下去。」我很好奇這個比喻會發展出什麼結論。

「然後，當你知道自己喜歡的烹飪方式之後，就可以和其他也懂自己喜好的廚師交流。和別人分享你對食物的熱情，真是太快樂了。沒有誰的食譜最好。也沒有『正確』的烹飪方式，樂趣就在於發現和學習，你可以單獨在廚房裡體會，然後再和廣大的烹飪愛好者社群分享。」

「先確認一下我是否聽懂，」我說：「看到妳在自己的未來裡、像未來學家一樣思考，這和廚師或烘焙師的思考模式一樣嗎？」

「我認為，比較接近廚師，倒沒有那麼像烘焙師。」她說：「烘焙要很精準，烹飪才有即興創作的空間。當你在做一道菜，要先想像，就和未來學家一樣。」

「有道理。」我漸漸聽懂了。

「還沒完，」蘇珊興奮地說：「老布，你給大家的是工具和技法，但你不能幫他們煮菜。所有的廚師都要自己做飯，每個人都必須自己想像與打造出他們的未來。」

「我完全同意。」我說。

「你給大家工具和技法，有時候甚至會提供食譜，」她說：「但是我還是要在廚房裡做出自己的菜餚。」

「我認為妳說的一點都沒錯，」我說：「這樣形容很棒。」

「就像主廚喜歡和別人分享料理，」她繼續說：「沒有誰的未來比較正確，或是誰的未來比別人好。你的未來就是適合自己，但分享自己打造未來的過程充滿樂趣。」

「我覺得妳甚至還可以再往前一步。」我補充說。

「什麼意思？」她問。

「很多廚師都熱愛教學。」我說：「他們特別喜歡教家人和朋友。」

我暫停一下讓這個想法停在腦子裡：「同樣地，現在妳學會這套方法，可以和別人分享，協助他們鑄造未來。」

「這太棒了，我好喜歡。」蘇珊笑著說，並在海灘上給我大大的擁抱。

技術檢查

和蘇珊的海濱對話結束後過了幾週，有個工作日下午，我的手機忽然響了。當時我在洛杉磯國際機場的離境候機室，準備前往澳洲，打算在當地停留好幾週，和不同的政府與軍方機構進行威脅預測。離登機時間還有一會兒，所以我很樂於分心一下。

「唷，老布，」那則訊息寫著：「我是你最喜歡的義大利麵醬，現在有時間可以聊聊嗎？」

是艾爾！我們的丹佛之旅已經結束了一年多，雖然偶爾用簡訊互相關心，但我很想聽聽他的近況。

我回訊寫著：「多點乳酪，謝謝。」幾分鐘後，艾爾就打來了，閒聊一會兒之後，我問起他鑄造未來的進度。

「沒錯，這才是我真正想聊的。」他激動地說：「這套方法真的改變我們的生活了。我們不再只是等醫師和醫療人員告知下一代的血糖偵測器有什麼發展。我們站在最前線。」

「這一定給你們很多力量。」我說。

「百分之百。」他答：「還有各種臨床試驗，包括胰島細胞移植，都令人振奮。這是最有希望的療法。必須滿十八歲才能參與臨床試驗，所以我兒子還太小了，但我們很期待。」

「你有沒有覺得他們離治癒康復愈來愈近了呢？」我問。

「這就妙了，」他說：「我上次參加會議的時候，就有個觀眾問了一樣的問題。當然，講者的答案就是『五年後會有解藥』，我兒子被診斷出來的時候，專家也是這麼說，可是這次再聽到，不知怎麼的，我沒這麼絕望了。」

「我相信這是因為你現在積極參與未來，而不是消極地旁觀，」我說：「你不再讓自己的未來被醫師和生技公司主宰了。」

「對，這真的改變了我對未來的看法。」他說。

「還有，跟你更新一下現況：我加入一個第一型糖尿病病童家長的社群，這裡的家長已經找到改造胰島素幫浦和血糖偵測器的方式，讓這兩種儀器互相對話，創造出所謂的『人造胰臟』。製造商也在努力，但進度很慢。我加入的這個社群才是真正的創新推動者。」

「哇，太酷了，那你的兒子覺得怎麼樣？」

「你竟然問到了這件事，真有趣。」艾爾說：「西奧全心投入，他明天就會開始『創造新迴路』，就是鑄造未來的意思。可是傑森還有點懷疑。他的做法剛好相反，他已經不用胰島素幫浦和血糖偵測器了，而是選擇用老式的胰島素針劑和扎手指的方法來量血糖。」

這兩個兒子對科技抱持著截然不同的態度，讓艾爾搞糊塗了，但我覺得很合理。這強調了「科技只是工具」的核心真相。科技不能決定未來——人類才能。未來一直是人類打造的，以後也是。

「艾爾，你知道嗎？」我說：「你在協助兒子控制糖尿病這方面做得很好，但更重要的是，你是以身示範，讓他們看到如何利用任何適合自己的科技，扛起打造自己未來的責任。你的身教會影響他們一輩子。」

「我就知道你會這麼說。」

我可以感受到艾爾在電話另一頭微笑，也看得出鑄造未來已經成為他和家人的生活方式，會協助他們應對所有的新挑戰。

「嘿，我要去搭飛機了。」我說：「以後有進展要跟我說喔。」

「我會速撥給你。」

我們掛了電話，登機口的地勤人員也請前往雪梨的乘客開始登機了。

快問快答7：我們開始吧！

你現在感覺如何？準備要開始了嗎？拿出日誌或手機了嗎？開始列清單了嗎？這本書和這些真人真事都是你的工具箱與烹飪書。你擁有起步必備的一切了。可以開始想像你要的未來，也會找到能推動你邁向未來的隊友、工具和專家，還有清晰的思路來規畫實現目標的步驟。

現在就開始吧！

問題一

●你需要什麼才能開始？

我無法預測你的未來，但現在你有能力可以想像並實現自己想要的未來了。你現在缺少什麼？有哪些事情讓你舉步不前？反思一下鑄造未來過程中最難的部分：克服跨出第一步的恐懼。

追加提問

●可以在哪裡找到你需要的東西？

●什麼事阻礙你了？

問題二

●你應該和哪些人談談？

你要打造自己的未來，就會有人提供你幫助、支持與指引。探索未來助力時，寫下哪些隊友、工具、專家可以推動你前往想要的未來——我發現隊友助推的力量最強大。這是一場你意想不到的對話。回頭看看【快問快答1】（第2章，第56頁）與【快問快答3】（第4章，第142頁），就會找到起點。

現在請你想想：

追加提問

- **你可以去哪裡找到隊友？**
- **希望他們回答你哪一個問題？**
- **希望他們告訴你哪一件事，讓你可以動起來？**

問題三

- **你知道自己已經開始了嗎？**

你可以的，因為你曾經辦到。這就是我們在整本書裡做的事。你在閱讀這本書的時候，就已經動身朝自己要的未來前進了。

每一場快問快答練習都讓你更了解未來的自己，知道更多細節。每一則故事都讓你看到別人如何嘗試與運用這套方法。事實上，全書最簡單的練習就是【快問快答2】（第108頁），整套鑄造未來的所有步驟全在這個練習裡。請你回顧這七個練習，再做一次，深入想像未來的你，然後就會看到起點了。

你準備好了。

準備起飛

我最討厭搭不上飛機。我已經當空中飛人很多年了，錯過航班的次數用一隻手就能數出來。每次都是地面交通害我搭不上。機場接送不準時、塞車太嚴重或是你需要計程車的時候偏偏一輛也沒有。

有一次在紐約，我要從市中心的機器人博覽會前往甘迺迪國際機場。剛好碰到聯合國大會召開，再加上歐巴馬前總統當天要演講。我的車子沒有準時來接我，路上交通又打結，到達機場的時候飛機已經離開一小時了。很想跟大家說，是歐巴馬害我沒搭上飛機，但真的不是他的錯。這都是地面交通的問題。

總而言之，只要我知道得分秒必爭才搭得到飛機時，我總是會一隻眼睛看時鐘，另一隻眼睛注意車況和交通。

＊＊＊

「誰想要知道怎麼改變未來？」我在舞台上大聲喊著。

觀眾席上一陣喧鬧，有人笑，有人鼓掌，很多人大叫，甚至有些人舉起手——真有禮貌！我的演講要結束了，剩三分鐘，見鬼。這場不接受提問，因為我沒時間。我很難受，但得趕去機場搭飛機，而且時間不多。那班飛機會帶我回家，而且我真的很想家，已經快兩個禮拜沒回家了。

「我可以告訴各位，」我大聲說，並且在舞台上前後來回，這是我演講的方式，群眾會給我能量，就算是活動要結束了也一樣。「但各位要知道，我再來要講的事，會讓你們忘不了，所以我想確認一下……誰想知道怎麼改變未來？」

喧鬧聲更大了。在七千人面前演講很特別，你其實看不到他們。太多面孔了，而且舞台燈光讓每個人看起來都暗暗的。大量人潮看起來就像是夜間的巨型波浪池。你看過水上樂園那種人造波浪池嗎？就像那樣，但在停止波浪的效果之後，水會往四周濺灑，沒有一致的方向。人群的動作會朝四面八方移動，有時候是一大批湧動的人潮，有時候則是一個偷偷溜去後門的人，或許是去洗手間，可能是去接電話。

還剩兩分鐘。

「好，」我走到舞台邊緣：「要改變未來，你必須轉換自己闡述未來的方式。」

觀眾稍微安靜了一點。

「如果你可以換個方式敘述自己將要生活的未來是什麼樣貌，就會做出不同的決定。我曾經目睹大企業的變化，也看過個人的轉變。這聽起來沒什麼，但它的力量相當強大。」

我暫停了一下。還剩一分鐘。

「我想要挑戰大家，」我說：「你想要什麼未來？你可以看見自己在裡面嗎？只要做得到，就開始和家人、朋友和所有願意傾聽的人分享自己的未來。透過這個簡單的舉動，你不但可以看到自己的未來，還會讓未來更好。謝謝大家！」

觀眾熱烈的鼓掌，音樂和燈光都亮了起來，我下台，活動助理榮恩在旁邊等候，我的行李箱和外套都準備好了。

「剛剛好。」榮恩遞給我外套。

舞台總監豎起大拇指比讚，我揮揮手。

「這裡。」榮恩帶我穿過陰暗的後台，那裡有很多線材、燈具和電子設備。我知道要低頭，並且留意步伐：「車子就在外面，交通還算順暢。時間有點緊，但你可以搭得上飛機。」

「我真的很感激你的協助。」我回他：「請告訴大家，我真的很抱歉今天不能開放提問，因為要趕去搭飛機。」

「別擔心，老布。」榮恩推開門，外頭的走廊接到演講廳的後門。我還可以聽得到會議室裡群眾在喧嘩、音樂在播放。幾個舞台工作人員已經在拆台了。

榮恩猛然停下腳步，我撞上他的背。「上車之前要先去洗手間嗎？」他問。

要，可是我得快一點。

對後台盥洗室來說，這間很寬敞，有超過二十個小便斗，不過因為在後台，所以完全沒人。我走向其中一座，環顧四周笑了。

我還記得好幾次在演講之後，被別人在洗手間攔下來問問題。幸好這裡沒人，我還要趕去搭飛機，而且交通會愈來愈壅塞。

「就在那裡。」榮恩指著走廊，走下去就是出口。他把行李箱遞給我，看著手機。「沒錯，司機停好了，你隨時可以上車，我要回去了。」他伸出手：「老布，很高興能和你聊聊。」

「謝謝，榮恩，」我說：「祝你和女友在摩托車集會玩得開心。」

「一定會的。」他說完就走回舞台區了。

我轉身朝出口前進。

我在腦中算時間。飛機六點四十五分起飛，這表示六點十五分開始登機，我喜歡提早一小時到機場，但知道這不可能。如果交通還算順暢，沒碰到意外也沒撞見美國總統，我應該來得及。

我的「出差常客直覺」反射性地對我說：車子最好就停在路邊了。

我伸長手臂要推開門。

「老布，」我聽到有人叫我的名字：「不好意思，老布！」

我轉身，這個聲音聽起來很年輕。在我身後，不知道從哪裡冒出來一個小女孩。她頂多十歲或十二歲。我傻了。她是迷路或落單了嗎？不，我看到女孩身後的人應該是她的父母，他們看起來很驕傲、很興奮。

「不好意思，老布，」她捧著書和筆朝我走來。那是我的著作。

「是的？」我說：「我可以為妳做什麼？我要——」

「我的名字是法蘭西絲。」她有點緊張但充滿決心：「我看了你的書，真的很喜歡，想知道你能不能幫我簽名？」她遞上書和筆。

車子就在路邊。

「當然。」我拿起書，簽得很快：「是法國的法、蘭花的蘭嗎？」

「對。」她點點頭：「但大家都叫我小蘭。」

小蘭的家長靠過來，在女兒身後用唇語說謝謝。

「我希望妳喜歡這本書。」我把書遞回去，相當佩服她，這本書不是寫給她這麼年幼的讀者。

「聽我說……」我準備告辭。

車就停在路邊，愈晚愈塞車。

「我可以問你一個問題嗎？」她接著問，這時語中多了點信心：「我有個關於未來的問題，我相信你能幫得上。我才十一歲，但知道這很重要。媽媽說或許未來學家會有答案，而你就是未來學家。」

我愣住了。

車就在路邊，愈晚愈塞車，我一定會搭不上飛機。

「好，小蘭。」我放下行李箱。

總是會有下一班飛機可以搭。

「我可以幫什麼忙？」我問。

「好，未來學家，」她手插著腰，歪著頭開始對我說：「關於未來，我真正想知道的是……」

致謝

謝謝丹・迪克里科（Dan DiClerico），謝謝你在這趟旅程中的合作。你的見解幫助我替這本書找到了合適的架構和基調——我們第一次在紐約樂聲飯店喝咖啡的時候，你就提點過我了，那是最重要的魔法。願我們可以繼續互傳簡訊、電子郵件和語音訊息，偶爾約出來喝馬丁尼，或是一起去洋基體育場看比賽。你是未來學家最想要擁有的簡報教練！

若沒有里奧波爾多・故特（Leopoldo Gout），就不會有這本書，他說「你知道你應該要寫本勵志書嗎？」當時我覺得他瘋了。沒想到我們兩人都是對的。若沒有他的鼓勵和支持，這本書就不會出現在你手上。

謝謝所有人……你一定能認出自己來。謝謝所有提問、和我談話、請求協助、給予指正的人。還有那些覺得我是瘋子的人，以及願意和我分享故事、希望和恐懼的人。最後，感謝把我當做心腹的人，以及願意在公開場合問我私人問題的人。

我的研究基地對這個專案至為重要，包括了亞歷桑納州立大學科學與想像力中心、社會未來創新學院、全球安全倡議、應用研究實驗室和威脅預測實驗室。謝謝我的團隊：肯・赫茲（Ken Hertz）、泰瑞・赫茲（Teri Hertz）、強・波克（Jon Polk）、麗莎・蓋拉赫（Lisa Gallagher）、辛蒂・昆恩（Cyndi Coon）、「偉大的神杖」吉帝恩・威爾（Gideon Weil）、山姆・坦圖（Sam Tatum）和洛拉・凱迪（Lora Keddie）。一如以往，謝謝我的父母，若沒有你們，這一切都不可能實現。

Eurasian Publishing Group
圓神出版事業機構
用心與你對話．網野無限寬廣
先覺出版社
Prophet Press
www.booklife.com.tw
reader@mail.eurasian.com.tw
商戰系列 210

也許你該跟未來學家談談：

一堂前所未見的人生規畫課，所有問題你都可以問

作　　者／布萊恩．大衛．強森（Brian David Johnson）
譯　　者／葉妍伶
發 行 人／簡志忠
出 版 者／先覺出版股份有限公司
地　　址／臺北市南京東路四段50號6樓之1
電　　話／（02）2579-6600．2579-8800．2570-3939
傳　　真／（02）2579-0338．2577-3220．2570-3636
總 編 輯／陳秋月
資深主編／李宛蓁
責任編輯／林淑鈴
校　　對／林亞萱．林淑鈴
美術編輯／林雅錚
行銷企畫／黃惟儂．陳禹伶
印務統籌／劉鳳剛．高榮祥
監　　印／高榮祥
排　　版／莊寶鈴
經 銷 商／叩應股份有限公司
郵撥帳號／18707239
法律顧問／圓神出版事業機構法律顧問　蕭雄淋律師
印　　刷／祥峰印刷廠
2021年5月　初版

定價 380 元　　ISBN 978-986-134-380-8

你不可能永遠都表現好到沒人給你批評指教。你不能逃避回饋，否則會累垮自己，所以接受自己的不完美，不但是好選擇，更是唯一的選擇。

——《謝謝你的指教：哈佛溝通專家教你轉化負面意見，成就更好的自己》

國家圖書館出版品預行編目資料

也許你該跟未來學家談談：一堂前所未見的人生規畫課，所有問題你都可以問 / 布萊恩．大衛．強森（Brian David Johnson）著；葉妍伶譯. -- 初版. -- 臺北市：先覺, 2021.05
336 面；14.8×20.8公分 --（商戰系列；210）
譯自：The Future You：Break Through the Fear and Build the Life You Want
ISBN 978-986-134-380-8（平裝）
1. 自我實現 2. 生活指導 3. 成功法
177.2 110003752